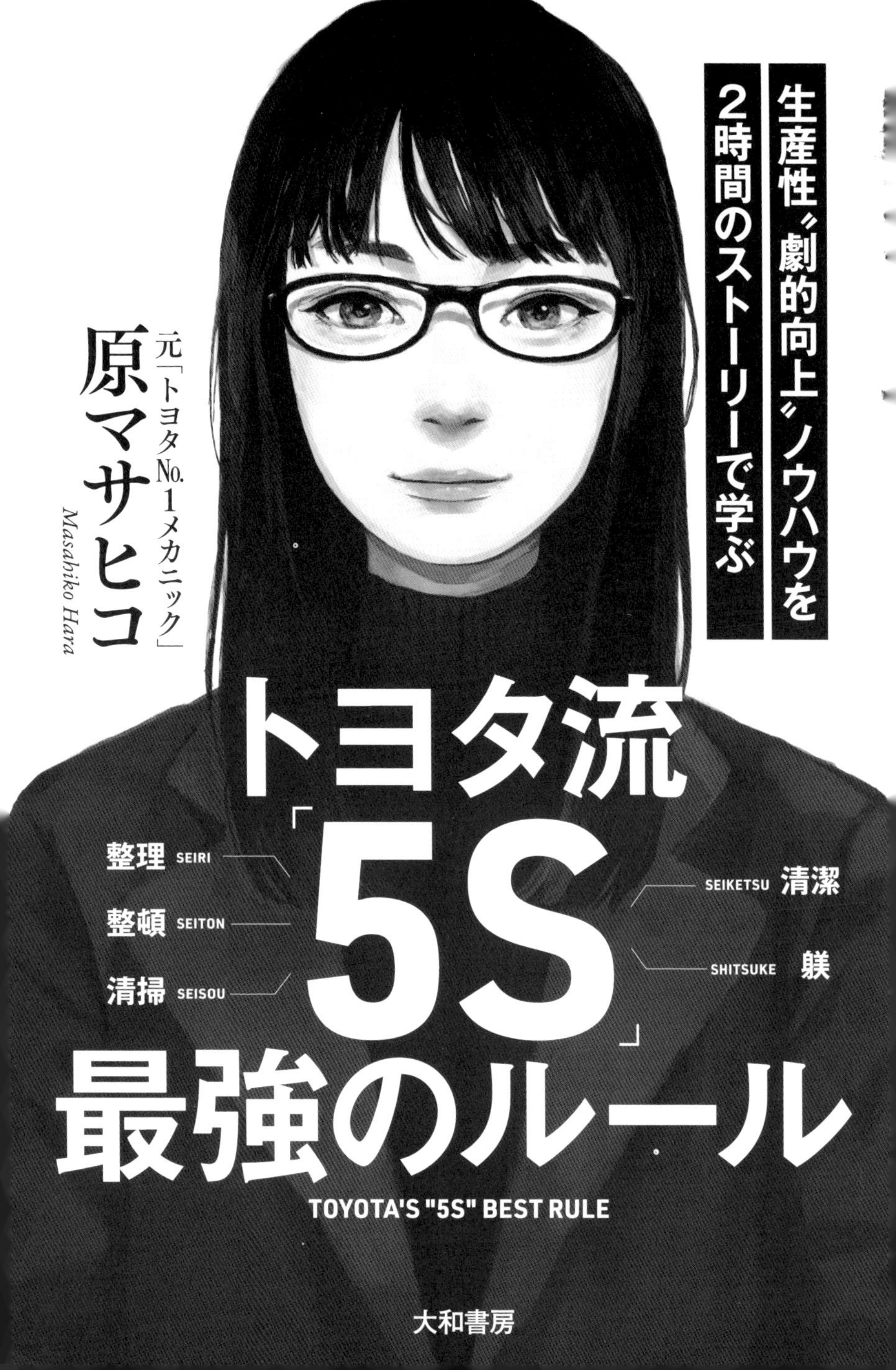

生産性〝劇的向上〟ノウハウを
2時間のストーリーで学ぶ

元「トヨタNo.1メカニック」
原マサヒコ
Masahiko Hara

トヨタ流「5S」最強のルール

整理 SEIRI
整頓 SEITON
清掃 SEISOU
清潔 SEIKETSU
躾 SHITSUKE

TOYOTA'S "5S" BEST RULE

大和書房

いえ、全然違います。

5Sは「整理《せいり》・整頓《せいとん》・清掃《せいそう》・清潔《せいけつ》・躾《しつけ》」の
頭文字「S」5つをあらわした言葉で、

あらゆるビジネスの基本です。

しかし、この基本を理解されていないために、
日本企業の多くで生産性の低下が起きてしまっているのです。
考えてみてください。

アナタは、

仕事中にムダな時間を過ごしてはいませんか？

仕事中に非効率なやり方をしてはいないですか？

仕事をスムーズにする仕組みを作れていますか？

そもそもアナタは、日々ベストな状態で仕事に臨んでいますか？

5Sをしっかり理解して身に付けることで、

ムダな時間を過ごすことも、
非効率な仕事をすることもなくなります。

日々の仕事に前向きに取り組めるようになり、
自身の成果にも繫がり、
会社の業績にも繫がっていくのです。

では、具体的に5Sをしっかり理解するためには
どうすれば良いのでしょうか？

まずは、成果に基づいた
「真の5S」を知る必要があるでしょう。

そして、「真の5S」を自らの頭に
叩きこんでいく必要があるのです。

真の5Sとは何なのか、
どのようにして叩きこんでいくのか。
そして、真の5Sを理解することで
具体的に何が起きていくのか。
これからじっくりと説明してまいりましょう。

はじめに

この本にはわたしが学んできた「真の5S」を詰め込んでいます。わたしが「真の5S」を学んだ場所は、現在、時価総額が日本一（2018年3月時点）の会社、トヨタ自動車です。

トヨタの仕事といえば、自動車を作って世界中に届けることです。ですから、多くの方は本社での研究開発といった仕事がいわゆる「花形」だと思われるかも知れません。

しかし、残念ながらわたしが居たのは花形と呼ばれるような場所ではありません。本社勤務でもなく、販売会社に勤めていました。販売会社は〝ディーラー〟と呼ばれ、そのショールームでは自動車を売っていますが、裏手には整備工場が併設されているケースがほとんどです。その整備工場で自動車整備を担当していたのです。花形とはほど遠い場所で、いわゆる末端の泥臭い現場。そこで日夜、汗を流していました。

しかし、末端の現場だからこそ5Sは重要でした。お客様と常に接しているのも現場でしたから、5Sに取り組んでいるかどうかでお客様の反応も変わってきてしまいます。また、自動車整備でミスをしてしまうと新聞に載ってしまうほどの大問題になってしまいますし、何よりお客様の命にも関わってきます。そんな、常に気の抜けない現場では、どこよりも5Sに取り組んでおり、その結果として大きな成果を出すことに繋がっていたのではないかと自負しています。

もう少し具体的な話をしましょう。

トヨタの現場では常に、「何ごとも5Sからはじまる」と言われていました。あらゆる仕事の基本が5Sをベースにはじまるというわけです。

ですから、入社すると真っ先に5Sを叩きこまれましたし、5Sを理解しなければ車の整備さえも担当させてもらえないような環境だったのです。

そして「**5Sは仕事そのものである**」ということもよく耳にしていました。

5Sというと単なる職場の美化活動と思われる方が非常に多いのですが、そうではなく5Sが〝仕事そのもの〟だというのです。後にこの点は、トヨタの現場とそれ以外の企業での「大いなる誤解の差」があると感じました。

この「誤解」は未だに日本中で生じているのではないかと思うのです。

わたしは「5Sは仕事そのものである」と学びましたが、5Sは職場の美化活動や会社で行う改善活動ではなく「行動の根源」とも言えるでしょう。

ですから、**どんな業種であってもどんな職種であっても重要**だと断言できますし、さらに言えば日常生活においても大切な指針が含まれていると考えます。

また、改善活動というとトヨタの「カイゼン」というキーワードが有名です。この「カイゼン」はムダをなくす活動全般を指すキーワードですが、現場主導で様々な知恵を出し合うことが原点となります。

ただ、知恵を出すための元となる「カイゼンの種」を見つけるためには、5Sを日常的に行って環境を整えることが必須だと言えるのです。

つまり、**「5Sなくしてカイゼンなし」**なのです。

しかし、世の中の多くの企業では「うちでもカイゼンをしよう」などと言いながらも足もとでの5S活動が全くできていない状況をよく見かけます。また、「うちでも5Sに取り組もう」と言いながらも、見せかけの5Sで〝やったつもり〟になってしまい、続かずに挫折してしまうような状況もよく見かけます。

そんなムダな動きを繰り返して停滞してしまうのではなく、「真の5S」を理解したうえで、しっかりと日々の仕事に取り入れていただきたいと強く思い、この本を書かせていただきました。

真の5Sが会社に定着していくことで、**商品の品質向上や安全の確保、業務効率の改善や人材マネジメントなど、あらゆる悩みが解消していきます。**

個々の社員にとっても仕事に必須のスキルが磨かれていくだけでなく、会社全体としても全く新しい組織に生まれ変わることになり、「**しっかりと利益を生み出す組織風土**」が作られていくはずです。

「トヨタ流5S」とも呼ぶべき真の5Sには、そんな「最強のルール」の数々が含まれるわけですが、本書を手に取ってくださったアナタは、その点に興味を持って手を伸ばしてくださったかと思います。

そして、これからこの本を読むことによってその最強のルールを身に付けようと考えていらっしゃるのではないでしょうか。

ただし、5Sは一見すると基本的な話の数々が並んでいるため、本を読むことで身に付けようとするには少し刺激が弱いかも知れません。教科書的な本を読んでもすぐに飽きられて、頭に残らなくなってしまうでしょう。

そこで「どうやって皆さんの脳裏にしっかりと焼きつけられるか」を考えたのですが、少し〝キツイ〟5Sの指導をしてみようと思います。

私の代わりにアナタに対してキツイ指導をしてくれるのは、数々の修羅場を潜り抜けてきた才女、エリカです。クールな美貌とキレッキレの頭脳の持ち主ですが、短所としては口が悪くて気が短く、根っからの〝ドS〟だという点です。そんな彼女が、売り上げの落ちてしまった東京のある書店を舞台に、ドSっぷりを発揮しながら5Sを現場へ叩き込み、書店を立て直していくストーリー形式で進んでいくのが本書の構成です。

アナタも書店員の一員になって、ぜひ〝ドSな指導〟をしてもらってください。
そして〝真の5S〟を叩き込まれてみてください。

それでは、いよいよストーリーの中へと入っていきましょう。

主な登場人物紹介

上条《かみじょう》エリカ（29）コンサルタント

数々の企業を改善してきた最恐ドＳコンサルタント。
剣道の腕前が凄まじく、愛用の竹刀をよく持ち歩いている。
好きな本は『虚数の情緒』（吉田武著、東海大学出版会）

BOOKS GOETSU

神《かみ》木《き》竜《りゅう》太《た》（22）　書店員

入社１年目のコミック担当。
仕事に対して、人一倍やる気はあるが、ムダな作業が多い。
好きな本は『建築探偵の冒険 東京篇』（藤森照信著、ちくま文庫）

BOOKS GOETSU

三《み》浦《うら》和《かず》正《まさ》（53）　書店員

呉越書店四ツ谷本店の店長。
誰に対しても優しい性格だが、スタッフに気を使いすぎるのがたまにきず。
好きな本は『ザ・ゴール』（エリヤフ・ゴールドラット著、ダイヤモンド社）

BOOKS GOETSU

小《こ》谷《や》野《の》剛《つよし》（28）　書店員

入社6年目のビジネス書担当。

イケメンメガネ男子だが、5Sの1つ「清潔」は守れていない模様。

好きな本は『錦繍』（宮本輝著、新潮文庫）

BOOKS GOETSU

松《ま》井《つい》愛《あい》奈《な》（24）　書店員

入社3年目の文庫・絵本担当。

朗らかな性格で、おしゃべりが大好き。

神木くんのことが気になっている……?!

好きな本は『もものかんづめ』（さくらももこ著、集英社文庫）

BOOKS GOETSU

上《かみ》条《じょう》久《く》美《み》子《こ》（??）　マナー講師

最恐ドSコンサルタント、エリカの母親。現役のマナー講師。エリカとは対照的に、いつも笑顔で穏やかな性格。

彼女が語るエリカの過去とは……?!

好きな本は『世迷いごと』（マツコ・デラックス著、双葉文庫）

BOOKS GOETSU

海《かい》保《ほ》純《じゅん》子《こ》（51）　書店員

雑誌・実用書を担当する大ベテラン。

エリカに負けず劣らず声が大きく、仕事へのこだわりが強い。

好きな本は『犬ぽんぽん』（trikotri著、誠文堂新光社）

BOOKS GOETSU

トヨタ流「5S」最強のルール●**もくじ**

第2章 整頓

第3章 清掃

清掃

第4章 清潔

清潔

第5章 躾

躾

プロローグ

ドSコンサル女子エリカによる5S活動、始動！

都内にある大型書店チェーン「呉越書店四ッ谷本店《ごえつしょてんよっやほんてん》」。

関東を中心に30店舗を展開する呉越書店の中でも、四ッ谷にある本店の売上が近年落ち込んでしまっている。本店に釣られるようにその他の店舗も売上が振るわない状況が続いており、昨年から社長に就いた北林《きたばやし》は業を煮やしていた。しかし、北林には問題が分かっていた。そこで、〝ある対策〟をとることになったのだった。

プロローグ

それは、夕方のことだった。竹刀を片手に持った1人の女性が呉越書店の本店に乗り込んできた。

自転車置き場を抜けて開いた自動ドアから入ると、1Fは雑誌や小説、実用書や絵本などが幅広く展開されている。静かな店内で、女性は棚を1つずつ舐めまわすように眺めながら、レジの様子も凝視している。どうやらお客様と思しき人が大きな声で店員に詰め寄っているようだ。

しばらく眺めたあとで、女性はなぜだかほくそ笑んだ。

階段に足を向けて上のフロアに進んでいくと、また店内の空気は一変する。2Fはビジネス書のフロアだ。客層がガラリと変わり、多くのスーツ姿が目に入る。そのスーツ姿の人たちが、驚いた表情で目を向けてくる。竹刀を持った女性は、さすがに違和感があるのだろう。また一通り眺めた女性は上のフロアへと足を向ける。3Fはコミックのフロアだ。

若い男女がコミックを物色している。高校生同士で最新のアニメについて談笑する声も聞こえてくる。女性は平台へ無造作に置かれたコミックを手に取ったかと思うと、すぐに元に戻した。フロアをじっくりと見回しながら、竹刀を持ったまま「ふん」と鼻を鳴らす。階段の前には「これより先、従業員エリア」と書かれた薄汚い看板が立ちはだかった。４Ｆは事務所や倉庫があって、従業員だけが入ることができるエリアだ。

女性は、看板とその下に転がった幾つかの紙くずを一瞥しながら、階段を上がっていく。４Ｆに着いてすぐ、目の前のドアをコンコンとノックすると、少ししてから「はーい」という太い声が聞こえてきた。店長の三浦和正《みうらかずまさ》だ。ドアを開けてひょっこりと出してきた顔には全体的に肉がついており、白いシャツの襟元は薄汚れている。埃まみれのエプロンを着けた背の低い男がドアを開け、弱々しく口を開いた。

「あの、どちら様で」

「アナタが三浦店長？」

「あ、もしかして社長が言っていた方ですか」

「初めまして、上条《かみじょう》エリカよ。北林社長から依頼をいただいて来ました。経

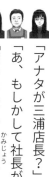

営コンサルタントです」

「ああ、はい。こちらへどうぞ」

部屋の中へ案内する三浦に、上条エリカは小さく舌打ちをした。三浦店長の耳には聞こえなかったようだ。

テーブルの上に散らばる書類をそそくさと片づけた三浦店長は、おもむろにペットボトルから紙コップへとお茶を注ぎ、エリカの前に差し出した。

「あの、経営コンサルタントさんがこんな書店チェーンに何の用でしょうか」

「私はもともと製造業を中心にコンサルティング業務をしてきたの。そこで身に付けたノウハウをもとに、今では国内の大小問わず多くの企業に貢献しているわ。今回は御社の北林社長から特別な依頼をいただいたというわけなんだけど」

「特別な依頼。へえ」

「早速だけど、このお店の雰囲気ってば最悪ね」

「え？　さ、最悪……ですか。……はあ、それはすいません。まあ売上さえ

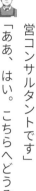

立てばいいので雰囲気とかは別にあれですけど」

「はぁ？　売上は立っているの？」

「ま、まあ、ボチボチ。良くはないですけど」

「社長からは本店のくせに落ち込みがひどいって聞いているけど」

「あ、はあ。すいません」

「お店の雰囲気は、お店の評価に直結するのよ。私はこの店舗の評価を上げるために立て直しに来たってわけ」

「そうですか。……それで、私たちは何をすれば良いのでしょうか」

「5Sよ」

「え、5Sって……、あの整理整頓とかのやつですか」

「5Sを知ってるの？」

「ええ、前にやったことがありますよ。『5S運動キャンペーン』みたいな感じで取り組んで、掃除とかしたんですけど」

「けど？」

「いやー、あまり長く続かなかったですね。まあ、掃除は普段からちょこちょこやってますし、敢えて声を出して取り組みをする意味があまり分からなく

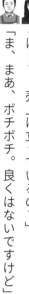

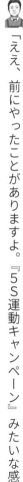

なって。でも、うちの売上が低いというのに、5Sですか？　そんな、書店の売上と片づけと何か関係あるんですか？　もっと、販促をしっかりと……」

三浦店長の話が終わらないうちに、エリカは竹刀の先端を「ドン！」と床に突きつけた。

三浦店長は目を丸くして首をすくめる。口は開いたままだ。

「関係大有りよ！　5Sすらできていないくせに販促がどうとか言ってんじゃないわよ！」

「ひいっ！」

「なにが『5S運動キャンペーン』よ。笑わせるんじゃないわよ。そんなチンケなことやってるからダメなのよ！　5Sは運動じゃなくて活動なのよ！　それに『整理整頓』だとか『片づけ』だとか分かったように言葉を並び立ててるんじゃないわよ！」

「すすす、すいません。で、でも、そういう取り組みって、成果が出てくる

まである程度は時間が掛かったりもするじゃないですか」

「うるさいわね、このウスラトンカチ！」

「ウ、ウスラトンカチ……」

「どんな成果かも分かってないくせに、時間が掛かるとか抜かしてんじゃないわよ！　しかも、さっき『やる意味が分からない』って言ったわねアナタ！」

「す、すいません、すいません」

「やる意味が分かってないことを少しやったからって上手くいくはずがないでしょうが！」

エリカの捲《まく》し立てるような恫喝《どうかつ》に恐怖を感じはじめた三浦店長だったが、その時コンコンというノックの音とともに「失礼します」と1人の男性がドアを開けてきた。「……な、なんだか騒がしいですね」と、顔だけを部屋に入れてきて様子をうかがっている。「おお、神木くん」三浦店長が安心したような声を出した。３Ｆでコミックのエリアを担当している神《かみ》木《き》竜《りゅう》太《た》だ。

「ちょ、この人なんで竹刀持ってるんですか。マンガじゃあるまいし」

「初めまして、上条です。私剣道をやってるの。今日は新しい竹刀ができたから取りに行ったついでにここに寄ったのよ。本来なら竹刀袋に入れるんだけどあいにく洗濯中だからむき出しなのよ。気にしないでちょうだい」

「へえ、そうなんですね。あ、店長、遅くなりました。あの、エプロン着けたいので、入ってもいいですか」

「ああ、入ってよ」

「は？　遅刻なのアナタ？　どこの担当者？」

「3Fのコミックですけど」

「やっぱりね。じゃあ、まずアナタから指導をしていく必要があるわね。3Fが一番ひどいもの」

「え、何の話ですか？」

「5Sには目的設定と各項目に応じたリーダーの選定が重要なのよ」

「な、なんだかよく分かんないですけど、面倒くさいことに巻き込まれた感じですかコレ」

三浦店長が咄嗟に口元に指をやり「シーッ」というジェスチャーをするものの、

エリカの眉がピクリと動きを見せた。

「なんか言った？　アナタ」

「いえ……別に」

エリカは神木を睨みつけると、竹刀を真っ直ぐ持ち、先端を神木の顔の前に突き出した。

「な、何をするんですか」神木が震えた声で聞くと、エリカは鋭い声で「突くわよ」と言い放った。

神木は固まったまま何も言えなくなってしまった。

少しの間をおいてから、思い出したようにエプロンを掴み取って、「し、失礼しましたぁ」と出ていってしまった。

この瞬間から、呉越書店には激動の日々が続くことになるのだった。

エリカの5S解説

●評価や信頼を得るためにも5Sは重要

5Sは仕事を進めるための基本よ。

自分が住んでいる部屋や仕事をしている職場は、自分自身が清掃をするとか片づけをしない限り、誰もキレイにしてくれないでしょ。だから、自分自身がサボっていると汚いままなの。つまり、5Sっていうのは1つの客観的なバロメーターになるのよ。

お店の「5Sの状態」を見ることで健全なお店かどうか分かるし、その人の「5Sの状態」を見ることで仕事ができる人なのかどうかも分かるわ。

例えば、お店に行って整理整頓ができていなかったり清掃ができていなかったりすると、不安になるでしょ。店舗や職場の様子そのものが、1つの営業活動にもなりうるというわけ。オフィスワークでもそう。やるべきことができていない人には、上司も重要な仕事を任せることはできないのよ。5Sのできてない人は信頼できないということになるわ。

●「なんとなくやる」では続かない

だから、5Sというのは、なんとなくやったほうがいいというのは分かっている人が多いんだけど、取り組み自体が続くことがほとんどないのも事実なの。

その実態の1つは、**「現状維持バイアス」**ね。今までやっていないことに取り組むことに抵抗を感じて、「現状維持で良いのではないか」と考えて元通りになってしまう考え方。

もう1つは、〝**やる意味を理解していない**〟から。5Sがなぜ重要なのか、会社にどう影響を与えるのか、しっかりと理解して取り組むのと、なんとなく良さそうだから導入してみる、では大違いなのよ。

●運動と活動は違う

三浦店長にも指摘したけれど、多くの組織でやっているのはただの運動。

5Sは活動として取り組まなければならないの。

運動というのは掛け声やポスターを掲示するだけのこと。小学校のオアシス運動ってあったわよね。「〝おはようございます〟とか〝ありがとう〟をちゃんと言うようにしようね」ってやつ。できていなければ「言おうよ」と注意すればいいだけの話。

活動というのはつまりプロジェクトなの。プロジェクトは完遂しなければならない。そのためには5W1Hが必要になるのよ。「誰が」「何を」「いつ」「どこで」「なぜ」「どのように」ってやつね。このあたりは後半でもしっかり説明していくわ。

●目的の設定とリーダーの選定が不可欠

大事なのはまず目的を設定すること。なんのために5Sに取り組むのかしら。まずはそれを明確にすることね。

生産性を上げるのか、コミュニケーションなのか、品質向上なのか。

「なんとなく良さそうだから」とか「他社もやってるから」では絶対に上手くいかないわ。目的を掲げてそこに共感してもらう必要があるの。

目的が決まったら、その目的に応じた責任者とメンバーを選んでいく必要があるわ。「誰が」という部分ね。リーダーは役職者である必要はなくて、あくまで5Sの責任者よ。

この書店では、1つのSごとに責任者を設定しようと思っているわ。フフフ。

5Sは会社に利益をもたらす

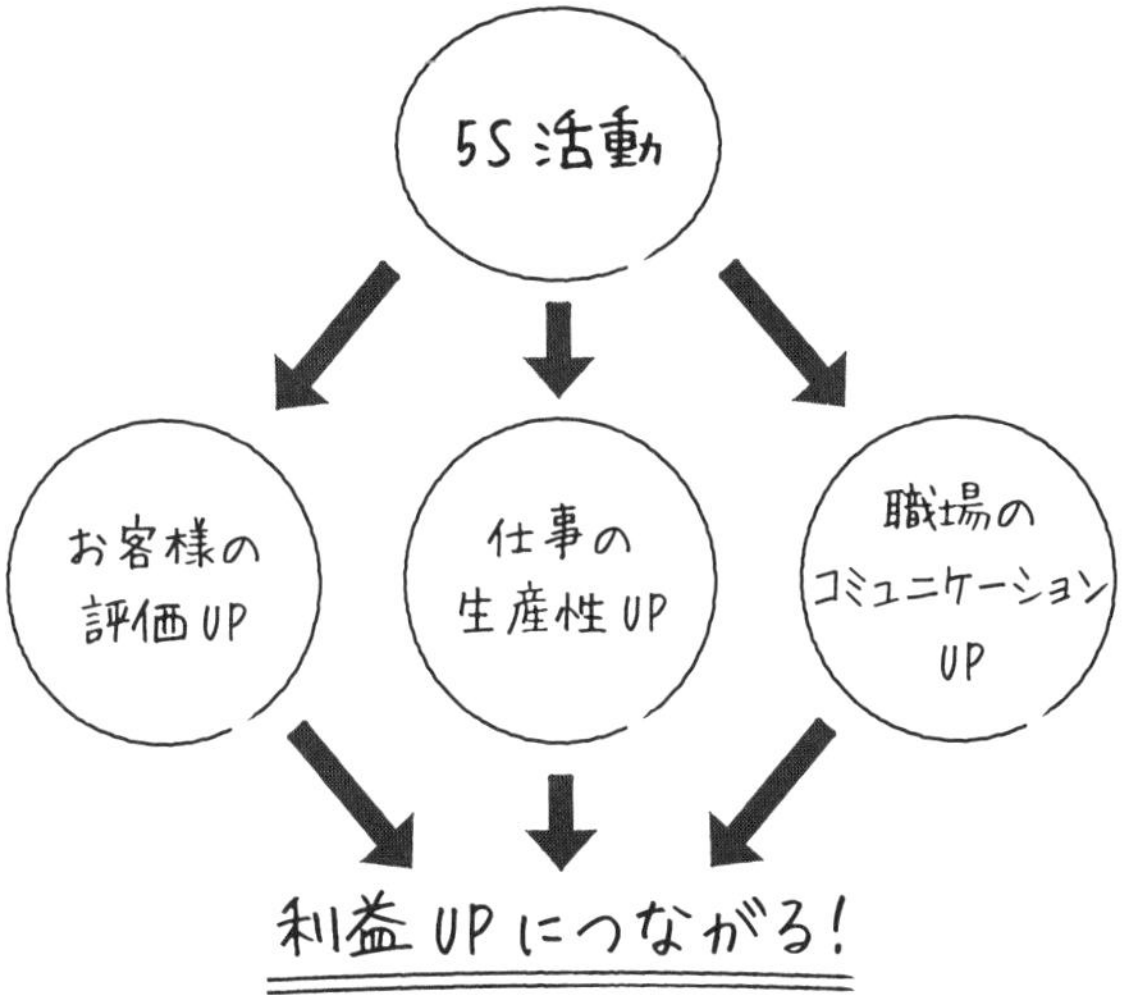

5Sを実行するための2大ポイント

目的の設定	リーダーの設定
「なんのために」5Sを行うのか考えよう	「誰が」5Sを進めるのか考えよう

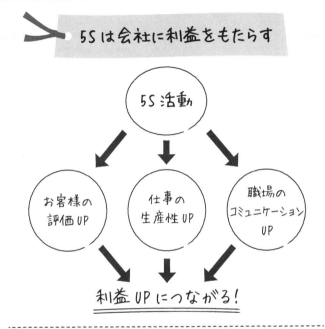

整理

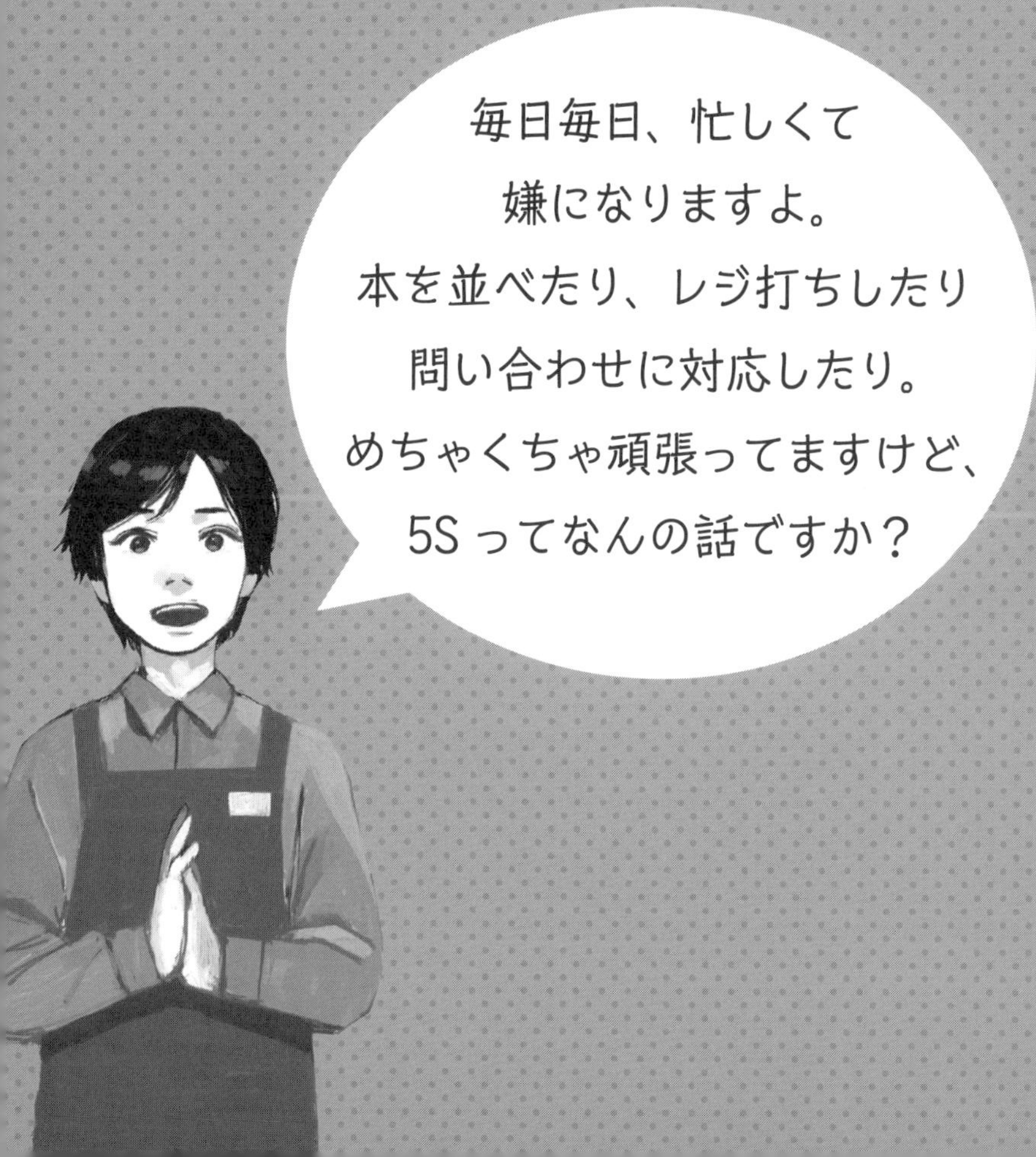
毎日毎日、忙しくて
嫌になりますよ。
本を並べたり、レジ打ちしたり
問い合わせに対応したり。
めちゃくちゃ頑張ってますけど、
5S ってなんの話ですか？

第1章

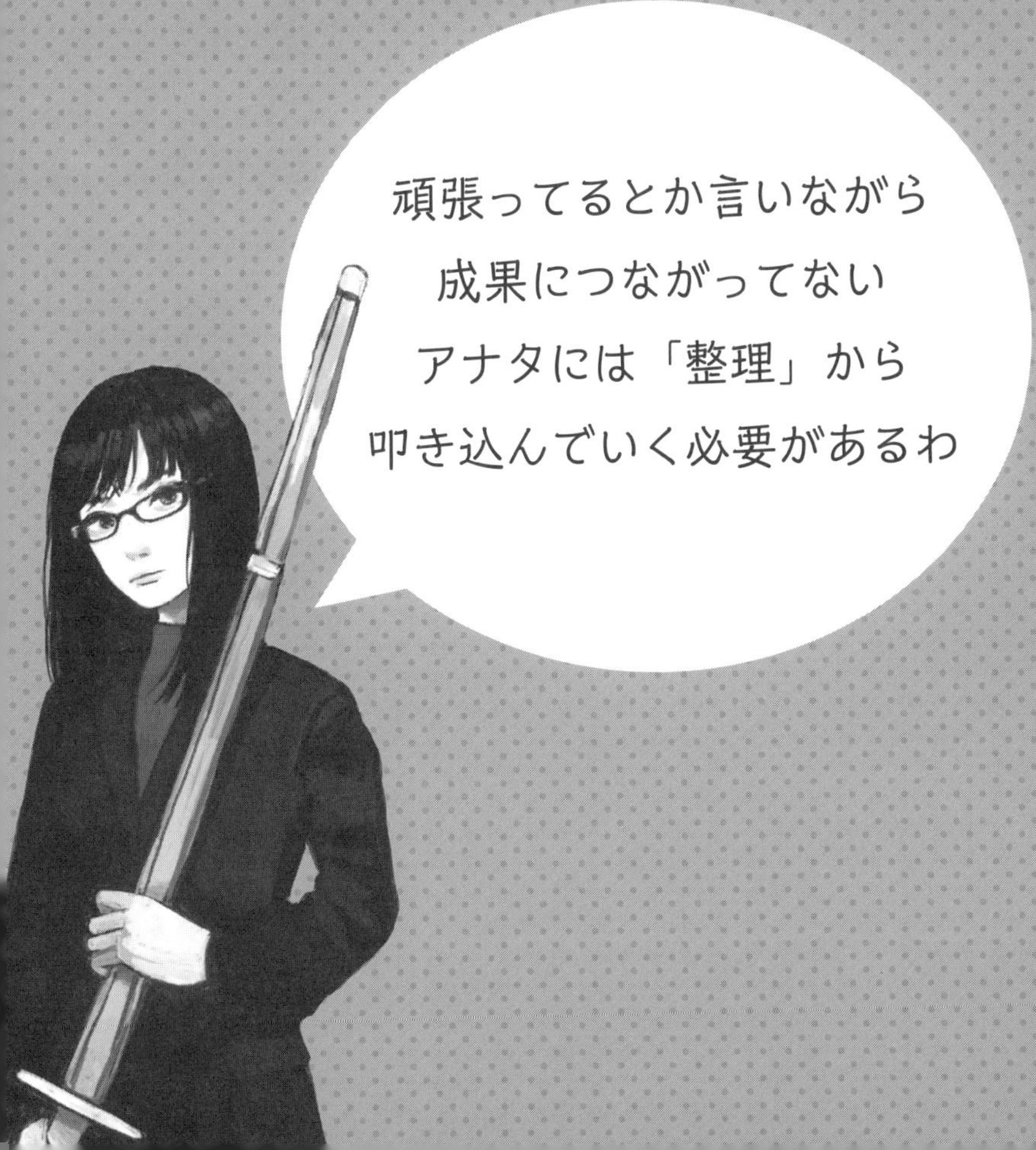
頑張ってるとか言いながら
成果につながってない
アナタには「整理」から
叩き込んでいく必要があるわ

整理 1

私たちは、なぜ「整理」をする必要があるのか？

翌日の朝、開店前に全体朝礼が行われた。

以前は毎日のように全体朝礼をやっていたものの、最近は忙しさにかまけて集まることをしておらず、そのことを指摘する人もいなかった。だから、久しぶりの朝礼に誰もが驚いていた。

朝礼をやるように言ったのは、エリカだった。そこで自分のことを紹介しろと三浦店長に求め、渋々応じた格好だった。

20人弱の店員が1Fのフロア中央に集まっているが、静寂に包まれている。店員同士での会話はあまり無いようだ。全員の前で店長に紹介されたエリカは、周囲を見渡しながらゆっくりと話し始める。

「これからこのお店で5Sを推進していくことになった上条エリカです。どうぞよろしく。私の指示は北林社長からの指示だと思ってしっかり聞いてくださいね」

エリカがそう言い切ったとたん、スタッフの表情は強張っていった。そして、三浦店長はただ黙って俯《うつむ》くだけだった。竹刀こそ手に持ってはいないものの、その威圧感に誰もが圧倒されていたのだ。

「まず3Fのコミックエリアから進めていく」ということが告げられたあと、各自が静かに重い足取りで持ち場についていった。10時の開店までにやることが山のようにある。

本や雑誌、コミックは毎日数百点もの新刊が発売されている。それを受け入れ、陳列していくのも書店員の重要な仕事だ。開店前までは、いつもその対応に追われてしまう。

エリカは開店後も3Fのフロアをウロウロしながら、棚の様子や店員の対応を見続けていた。そして14時過ぎになり、神木竜太が遅めの昼食をとるためバックヤードに入った時に、エリカが近づいてきた。

「やっと座れるよぉ。ああ忙しいなぁ、まったく」

「お疲れ様。アナタの仕事ぶりを数時間見させてもらったわ」

「ああ、上条さん。どうでしたか、僕。頑張ってますよね」

「頑張ってる？　何を言ってるのアナタは。たかだか3人くらいのお客様でレジ待ちの時間が長いし、問い合わせの電話対応も長い。帰り際に不満げな顔をしているお客様が何人もいたわよ」

「え、それ、僕のせいですか？　さっきだって『少年が敵を倒すマンガありますかー』とか聞かれて対応に困って時間取られちゃいましたよ。敵を倒すのばっかりじゃないですか、少年マンガって」

「そんな個別の話をしているんじゃないわ。全体を通してアナタの動きにはいちいちムダが多すぎるのよ」

「ムダが多い……ですか」

「そうよ。使わないモノをいちいち動かして作業していたり、使いたいモノを探し歩いたり、欲しい情報が見つからなければ周囲に聞いて探し回ったり。

とにかくムダな動きが多い」

「ま、まあ、言われてみればそんな動きもしてたかも知れませんね。……でも、そんなの誰しも一緒じゃないんでしょうか」

「はあ？　アナタ、バカ？　忙しい忙しいって言いながら、中身をよく見たらムダな動きばっかりしているのよ。このままでいいはずがないでしょうが」

「じゃ、じゃあ僕は何をしたらいいんですか？」

「そんなダメ人間のアナタも含めて、多くの人が一番初めに取り掛かるべきは、〝整理〟なのよ」

「（ダメ人間って……ひどいなぁ……）整理って、あの整理ですか」

「そう、5Sの1つ目のS、整理よ。整理が不足していることで多くのムダな労力を生むから、まずはその大きなムダをなくす必要があるの」

「え、整理って要は片づけりゃいいんですよね」

エリカが神木をキッと睨みつける。

ふう、と1つため息をついてからスゥと息を吸い込む音が聞こえる。その瞬間だった。

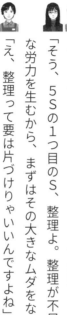

「片づけりゃいいとか言ってんじゃないわよ！」

エリカがひときわ鋭い声で神木を刺した。

圧倒された神木は、聞こえないくらいの声で「すいません」と返すのが精いっぱいだった。

エリカが置いてあったペットボトルのミネラルウォーターを口にする。また1つ、ため息をついてから話し始めた。

「5Sでいう整理っていうのは、不要なモノを捨ててモノの数を絞ることを指すのよ」

「不要なモノを捨ててモノの数を絞る……。え、モノをキレイに並べればいいと思ってました。小学校でもそう習った気がしますけど」

「キレイに並べる？　アナタが言ってるのはただの整列よ。整列ってのはモノの並べ直し、積み直しのこと。つまり、不要なモノを捨てずに並べ直すだけなのよ」

「整列は並べ直すこと……」

「整理は不要なモノを捨てて〝モノの数を絞る〟こと。だから整理と整列は

全く別物なのよ」

「でも、あの、捨てないとダメなんでしょうか？　僕、モノ持ちが良くって、一度手にしたモノを捨てるのが苦手なんですよね。家にもフィギュアとかたくさん並んでるし……」

「捨てなきゃダメよ。だって最初にモノが溢れていたら、動くスペースが限られちゃうでしょ。職場ってのは仕事をするスペースであり、モノを置く場所じゃないの。だから、仕事をするスペースをしっかり確保しなければならないの」

「職場はモノを置く場所じゃない……ですか」

「そう。それによ、そもそもこれから捨てるモノをキレイに並べたところで何の意味があるのよ」

「確かに、そうか。じゃ、じゃあ、動くスペースが限られないように何か新しい棚を用意するってのはダメなんですか？」

「ダメダメ。入るところが無いから新しいスペースを作りゃいいっていう発想は危険よ」

「どうしてですか？」

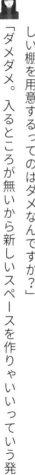

「現状のスペースですらしっかり管理できていないのに棚を増やしたところで同じようにモノが増えていくだけよ。まず整理して不要なモノを捨ててから考えるべきなの」

「なるほど、理屈は分かりました。でもできるのかな、そんなこと……」

神木は大きなため息を漏らしてから、午後の仕事に向かっていった。

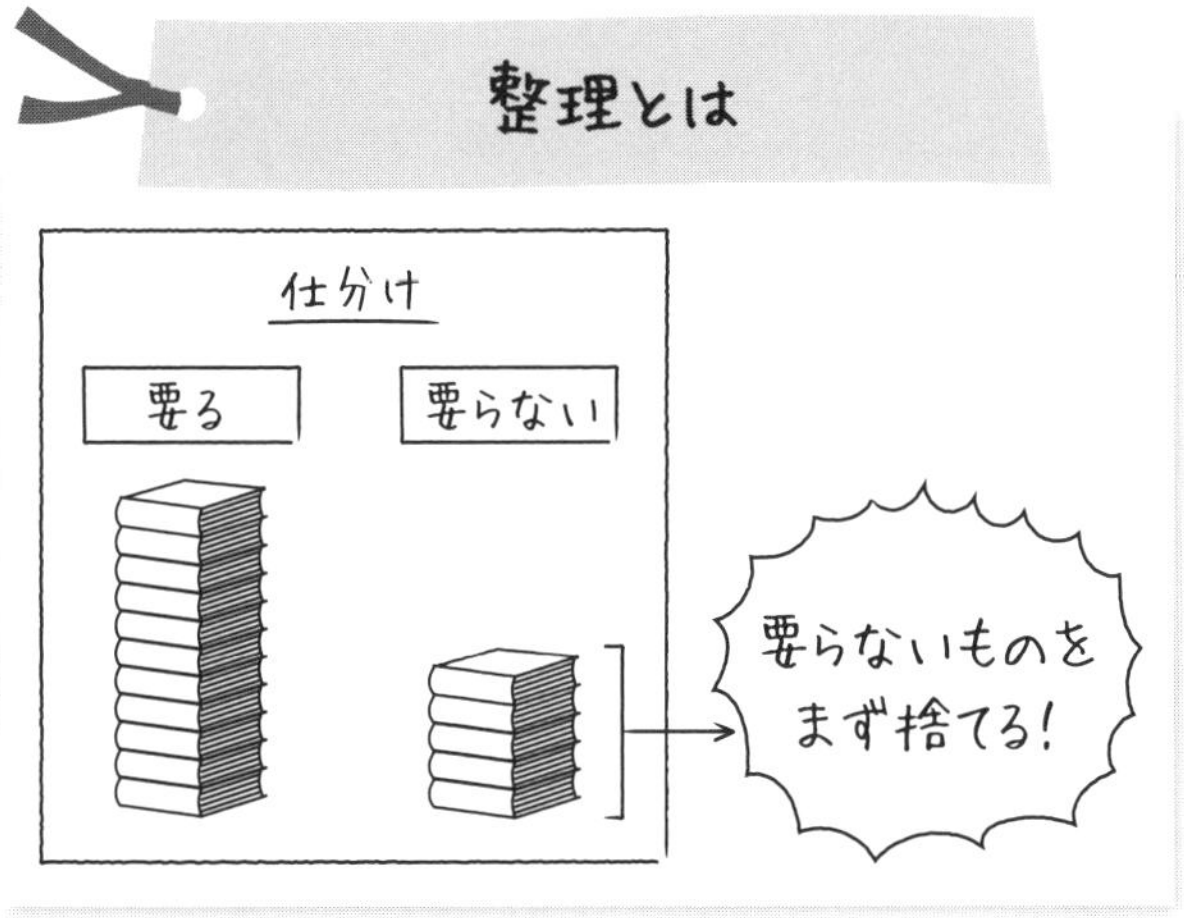

エリカの5S解説

●整列と整理は違う

神木くんもそうだけど、整理と整列をごっちゃに考えている人が多すぎるわ。単にモノを並べ直したり積み直したりするのは整列よ。

5Sの最初のSは「整理」なの。

整理というのは、まず要るモノと要らないモノを区別すること。そして**要らないモノを処分していくこと。**

整列とは全然違う行為だから、そこは気をつけるようにね。

整理

2

まずは不要なものを減らしなさい

翌日の午前中、神木は相変わらず探しものを続けていた。

その様子を、エリカはフロアの片隅でじっと見ていた。また休憩時間になると、エリカが話しかけてくる。「お疲れ様。アナタ、手の甲が汚いけど、何か書いてあるの？」

神木は左手の甲を差し出して返す。「ああ、これですか。ちょっとしたメモです」

エリカは神木の左手を掴むと、グッと自分の顔に近づける。「痛っ」神木の左手首が、曲がってはいけない方向に曲がりそうになる。

「なになに、『間違った子を魔法少女にしたい』？　何やっててんのアナタ、気味わるいっ！」そう言って神木の左手を放り投げると、神木は「いや、これ、本のタイトルですよ……注文を受けた本のタイトルを忘れないように書いているんですって」と言い訳をした。

「メモ帳とか持ちなさいよ」と言ってくるエリカに対しても、「いやぁ、面倒くさいのでつい。この間も手の甲に『ド変態仮面』って書いてて、帰りに寄ったラーメン屋で隣の客に変な目で見られましたよ」と自虐的に笑いながら返す。

　エリカはクスリともせずに「そんなことはいいから、昨日の話の続きをするわよ」と言って腕を組んだ。

「整理の理屈は理解したわよね」

「ええ、まあ。でもどうやって実際にやればいいんですか？　捨てるって言ったって、何から手をつけていいのか分からないですよ、正直」

「じゃあ、やってみようかしら。アナタが今座っている席の周りに、いろんなモノが置いてあるわよね。そのモノの中で、まず要るものと要らないものを区別するのよ」

「要るものと要らないものを区別する、ですか。例えばこのペンは要るけど、この弁当のゴミは要らない、とかですか」

「そうよ。簡単でしょう。それを自分の活動範囲すべてでやるのよ」

「え、でも要らないってのは具体的にどういうものですか？　弁当のゴミは明らかに要らないですけど、そこに立てかけてあるパネルは時期こそ過ぎましたけどまた使うかも知れないし」

「あのミニスカートの娘が描かれたパネル？」

「ええ、前に売れてたマンガの販促用のパネルです。今は売れ行きも落ち着いたので展開してないんですけど」

「要らないものっていうのは、例えば故障したり壊れたりして使えないもの。それから、捨ててはいないけど今は使っていないものよ」

「使っていないもの……。じゃああのパネルも捨てるんですね」

「そうよ。そういった不用品は撤去して、スペースの有効活用を図るのよ。そのうえで、今の仕事に必要なものを最適に管理していくのよ」

「分かりました」と言いながら、神木はフロアに戻っていった。この日はアルバイトの子が休んでしまったために人手が足りず、あまり休憩時間を取ることができないようだった。

神木はこの日、朝からずっと気になっていたことがあった。フロアの隅でずっとマンガ雑誌を座り読みしている高校生がいた。最近のコミックはシュリンカーという機械を使ってビニールでカバーされているため、立ち読みをすることができないが、マンガ雑誌は読めるようになっている。そのためか、学校をサボった高校生が朝から雑誌を立ち読みしにくることが多いのだが、今朝からいた高校生は完全に座ってしまっているのだ。本来は注意しなければならないものの、逆ギレされたり厄介なことになったりするのは嫌だったので、神木は見て見ぬふりをすることにした。

この日はコミックの入れ替えをしようとしており、その作業の途中だった。動きの少なくなったコミックを引き上げた平台に向かうと、そこにはおばあちゃんが座っていた。近くでは孫と思しき子供がコミックを探している。どうやら孫と一緒に来店したものの疲れて座ってしまったようだ。神木はまたしても見て見ぬふりをしながら「もう、皆して座ってばかり……困ったなぁ……」とこぼした。
傍から見ると、無法地帯のような状態である。

夕方になり、エリカは神木をじっと見ていた。
神木はレジの横にある端末で、キーボードを叩きながら何やら悪戦苦闘していた。休憩時間になったところで、エリカの指摘がはじまる。

「アナタさあ、さっきパソコンで何を探していたのよ？」
「ああ、他店からメールが来ていたはずなんですが、どこに行ったのか分からなくなって」

「そうこうしている間にも、座りこむ客が増殖して売場がカオスだったわよ」
「まあ、座っちゃう人は前から結構いますから」
「そうかしらね。あと、昨日言っていた捨てるって話の補足だけれども、モノだけじゃないわよ。情報も整理の対象なの」

「情報、ですか」
「そう、アナタが見ていたパソコンの中の情報もそう。引き出しの情報やファ

イルの情報、壁に掲示されている情報なんかも整理の対象なの。だから、どんどん捨てることを考えなきゃいけないの」

「やっぱり捨てるってことですか」

「そう。整理においてなにより重要なのが、捨てること。古いものを捨てないと、新しいものは入ってこないのよ」

「まあ書店の棚もそうですもんね。さっきもコミックの入れ替えをしてましたけど」

「新しいものを入れるためには、古いものを出すこと。それから入れる量を調節することも重要になるわ」

「捨てる、捨てる、捨てる……」

神木は自分に言い聞かせるように、「捨てる」という言葉を繰り返し始めた。捨てることが本当に苦手のようだ。

そんな神木を見ているのかいないのか、エリカは言葉を続けた。

「最終的に、その日の仕事が終わったら何も残らないようになるのが理想ね。

それぐらい、身の回りには余計なものがないということ」

「なるほど。今日の仕事が終わったら上条さんもいなくなったりしないかなぁ」

「アナタ、今何て言った？」

「あ、いや、聞こえました？　やべ」

エリカは竹刀を持つような手振りを見せ、右手を前方に出し、神木のおでこに人差し指を向けた。

「次に竹刀を持っていたら、確実に突くわよ」

神木はまたしても消えそうな言葉で「すいません」と口にした。

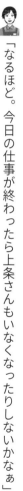

エリカの5S解説

●「捨てる」ことが第一歩

5Sの整理で一番初めに取り掛かるのが、「捨てる」ということよ。**初めの段階でモノが溢れていると、この後の動きが鈍ってしまうのよ。**それに、これから捨てるモノをキレイに並べたり、キレイに磨いたりしても意味がないの。

だから、「まず捨てる」ということが大事なのよ。日本人は収納好きだからモノが増えたら収納を増やすという発想をしがちだけど、これも危険な考え方よ。そうすると収納スペースばかりが増えてしまうから、本当に必要なモノだけを収納するためにも、まずは捨てるという発想を最初にするべきなの。

パソコンの中などの「情報」も整理の対象だから覚えておくように。

整理 3

捨てるものの基準を決めなさい

2日後、エリカは朝から腹を立てていた。「全然捨てられていないじゃない。アイツ、本当に竹刀で突いてやろうかしら」

3Fのフロアを見渡しながら、苛立ちを隠せずにいる。しかも神木は、今日も遅れていた。

「おはようございまーす」と気だるそうな神木の声がすると同時に、バックヤードに神木の姿が見えた。

「遅いわよ、アナタ」エリカは苛立ちながら神木に言葉を投げる。

「そんなことより、一昨日、私が言ったことが何もできてないじゃない。何なの？」

「いやぁ、捨てようと思ったんですけど、なかなかできなくて」神木は言いながら頭を掻いた。

エリカは資料の束を掴んで言い返す。

「じゃあ、これはなんで捨てないの？」神木は資料の束に目をやり、「ああ、それはいつか使うかもしれないんですよ」と答える。

腕を組んだエリカは、大きくため息をついた。

「アナタねえ。『いつか使う』っていう言葉、もう二度と使うんじゃないわよ」

「えええ。でも……。捨てるのはもったいないですから、とりあえず置いておきましょうよ」

「『もったいない』も禁止。『とりあえず』も禁止よ」

「禁止ばっかりじゃないですか」

「アナタがそんなクソみたいな言葉を普段から口にしすぎだってことよ」

「クソって……。でも上条さん、正直本当に困ることがあります。店長に『ここにあった資料はどうした？』って聞かれて『捨てました』なんていったら怒られるのは僕じゃないですか。変に責められるのも嫌ですから、取っておきたいんですよ」

「ふん、くだらないわね」

「くだらないって……」

「一度処分したものを使う機会が出てきたとしたら、そんなのは〝たまたま〟よ。たまたまのために場所を確保しておくなんてムダでしかないの」

「もう一度使うことのほうが少ないってことですか？」

「そうよ。圧倒的にね。あと、捨てる時に『要らない気がする』なんて曖昧な理由で捨てるのもダメよ。整理には曖昧さが敵なの。機械的に捨てられるようなルールを定めなさい」

「ルール？」

「そうよ。整理で重要なのは、整理するためのルールを作ること。ものを捨てる時に、後先考えずに捨ててしまうのではなく、ものの優先順位をつけたうえで捨てるの」

「でもルールを決めるのも大変そうだなぁ」

「まあそうね。ここで鍛えられるのが決断力よ。ルールを自ら作っていくことで、自分で考えて決める力が身に付くというわけ。こういう判断は何度か繰り返すうちに、気がつけば日々の仕事にも応用できるようになっているはずよ」

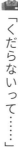

「人に聞かないといけないものも出てきますよね、きっと」

「そうよ。周囲の人と『これは要るか』『要らないか』といった相談をすることになるから、自然と会話をする時間もできてコミュニケーションも図れるというわけ」

神木は腕を組んだまま天井を見つめ、固まっていた。「でも、具体的にどんな基準を考えて整理していけばいいんですかねえ？」エリカは呆れた顔をして神木を睨《にら》みつけながら言う。「少しは自分で考えるってことをしなさいよ。この能無しめ。まあ、挙げるとしたら3つかしら」

神木は待ってましたとばかりにメモを取りだした。エリカはそれを横目で見ながら喋りはじめる。

「1つ目は、**何を捨てるかではなく何を捨てないかで考える**、ということ」

「2つ目は、**そのものの価値を考える**、ということ」

「3つ目は、**自分を主語にして考える**、ということ」

エリカは椅子に腰掛けながら、さらに口を開く。「1つ目は、捨てるものを考えるよりも捨てないもの、残しておきたいものを明確にすれば、どんどん捨てられるようになるって話よ」

神木はメモを取りながらも口を動かした。「2つ目の、〝そのものの価値〟ってどういうことですか？」

エリカが答える。「仕事において、そのもの自体が持っているメリットとデメリットを比較して考えるのよ。メリットがなければ容赦なく捨てる」

矢継ぎ早に神木が質問をしてきた。「じゃあ、3つ目の、自分を主語にするっていうのは？」

「そのもの自身がまだ使えるかどうかではなくて、『自分自身がそれを使うか使わないか』で考えるってことよ」エリカは答えると、あごで入り口のほうをさした。

見ると、アルバイトの女の子が顔を出している。「神木さん、レジお願いします」

「ああ、ゴメン、すぐ行きまーす」神木はメモを閉じてフロアに出ていった。

それから数日が経った。基準を示してあげたのが功を奏したのか、神木の周りでは少しずつ整理が進み始めた。ただ黙って進めていただけでなく、神木からの質問はその後も続いていた。そしてエリカは、その度に答えていった。

「上条さん、この文書は大事なものなんですけど原本が別にあるんです。こういう場合は？」

「オリジナルの所在がはっきりしているなら、コピー文書は捨てなさいよ」

「これ、オリジナルは無いんですがテンプレートを元に作った文書なんですけど」

「再作成が容易な文書も廃棄。もしまた必要になったらその時に作りなおせばいいじゃない」

「これ、保存期間が過ぎてるんですけど、捨ててもいいですか？」

「当たり前じゃない。所定の保存期間が満了したものはさっさと廃棄しなさい」

「この資料、バラバラで保管されているんですけど」

「複数所在するものは1箇所にまとめて保管しなさいよ」

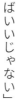

そして、エリカも気づいたことがあると神木に質問を繰り返した。

「棚の奥にあったこの書類だけど、最近閲覧した？」

「いえ、いつ見たか覚えてない書類ですね、これは」

「過去半年間で一度も見ていないものは不要よ。捨てなさい」

「このデスク周りにある文房具、使ってないモノも多いんじゃないの？」

「文房具もですか。確かに、使ってるモノと使ってないモノが混じってるような」

「文房具は直近の１ヶ月で使ったかどうかが目安ね。１ヶ月以上使っていないなら捨てる。あと、同じものが４つ以上ある場合も３つまでに減らしなさいよ」

「この名刺の束はなんなのよ」

「ああ、出版社の営業さんとたくさん名刺交換をするんですよ」

「名刺を保管しておくなんて、昭和の発想よ。アプリやスキャナでスキャンして、データを残してすぐに捨ててしまいなさい」

こんなやり取りが日々繰り返されつつも、徐々に神木は整理を進めていった。

3Fのフロアを見ながらエリカは口角を持ち上げる。「だいぶ整理されてきたんじゃないかしら。まだまだだけどね」

額を拭う素振りを見せながら神木が答える。「そうですか。いやぁ、でもさすがにもう面倒くさくなってきたなぁ」その言葉を聞いた途端、エリカの目つきが鋭くなった。

「ここでの取り組みが今後の5S活動のレベルを決めるのよ。しっかりやりなさい！」

神木は首をすくめ、「す、すいません」と口にした。

エリカは人差し指を伸ばし、神木の額に向けながら続ける。「それからアナタ、自分だけで完結するんじゃなくて、このフロアのメンバーにも伝えていきなさいよ」

神木は思わず目を丸くしながら「え、バイトの子たちにも、ですか」と言った。

エリカは腕を組み直して、「当たり前じゃない。単に広まっていくだけじゃなくて、教えることで自分自身にも学びになるものよ」と言うと、神木は素直に「分かりました」と答えるだけだった。

エリカの5S解説

捨てる3つの基準

① 何を捨てるかではなく
「何を捨てないか」で考える

② 「そのモノの価値」を考える

③ 「自分を主語」にして考える

●基準に沿って捨てていく

その「捨てる」ということをしようとした場合に重要なのが「基準」よ。

明確な基準については自分たちの仕事に合わせて考えながら設定していくべきだけれども、例えば次のような3つのことを基準として決めてしまうのよ。

1つ目は、「**何を捨てるかではなく『何を捨てないか』で考える**」ということ。捨てるものを考えるよりも捨てないもの、残しておきたいものを明確にして、どんどん捨てるようにしなさい。

2つ目は、**『そのモノの価値』を考える**」ということ。そのモノ自体が持っているメリットとデメリットを比較して考えるのよ。メリットがなければ容赦なく捨てるのよ。

3つ目は、**『自分を主語』にして考える**」ということ。そのモノ自身がまだ使えるかどうかではなくて、「自分自身がそれを使うか使わないか」で考えるのよ。1年以上も手に触れていないけど「いつか使うかも」なんてものは捨てるべきものの代表格よ。

決めた基準毎に色別のカードを用意して、それをそのモノに貼って分かるようにする、というのも1つの工夫よね。そんな工夫を積み重ねて、とにかく捨てていくのよ。

整理

4

どうしても捨てられない時にすべき3つのこと

東京は本格的な夏を迎え、日差しも強くなってきた。呉越書店にはここ数日、涼むためだけのお客様も増えてきているようだ。

出勤してきたエリカも、思わず神木にぼやいてしまう。

「ああ、暑いわ。こんなに日差しが強いと焼けちゃうわよね、まったく」

すると神木はTシャツの袖をまくって肩を出しながら言う。「いや、僕たちは焼けませんよ。ずっと屋内ですから」

エリカが扇子で自らを扇ぎながら「あら、そうなのね」と返した。

神木はエプロンを着けながら続ける。「勤続年数が長いと、どんどん色白になっていくそうですし。1Fの海保《かいほ》さんとか大ベテランですけど真っ白だもんなぁ。いや、あれは化粧が濃いせいかな？」

「ほら、ブツブツ言ってないでもう行きなさいよ」エリカが促すと、神木は「はーい」と言ってフロアに向かった。

エリカの口調こそ相変わらずなものの、神木の仕事の様子は徐々に変わってきていた。

探しものでウロウロすることも減り、レジでお客様を待たせることも減っていた。時間に余裕が出てきたのか、空き時間にコミックの並べ替えをしたり、POPを書いたりするようにもなったのだ。

この日もPOPを書いているところをエリカに「それ、何してるの？」と話しかけられた。

神木は喜々として答える。「宣伝用のPOPですよ。前からこのマンガ、オススメしたかったんです。前にも誰かが作ったPOPが置いてあったんですけど、イマイチだなぁと思っていたので」様々な色のペンを使って書いたPOPを完成させると、満足げな笑みを浮かべた。

「神木さん、シュリンク入ります」アルバイトのスタッフが神木に声を掛けた。

神木は手を挙げて「あ、よろしく」と答えた。

エリカが咄嗟に聞く。「シュリンクって何なの？」神木は「見に行きますか」と行って立ち上がり、エリカを従えてバックヤードに向かった。「コミックにビニール包装を施す作業です。あそこのシュリンカーっていう機械を使うんですよ」

神木が人差し指を向けたところには1メートル四方のコンパクトな機械があり、横にはビニールがロール状に取り付けられていた。

「あのビニールを温風で圧着させるから、夏場のシュリンク作業は灼熱地獄なんですよね」と神木が説明する。しかし、エリカは眉をひそめていた。

「そんなことよりアナタ。あれは問題でしょう」2人が見ていると、シュリンカーの周辺に置かれたモノを、アルバイトスタッフがせっせとどけていた。

エリカは神木を睨みつけた。

「あのシュリンカーとやらの周りにあるモノを捨てなさいよ。整理できてないじゃない」

「ここは前からアルバイトスタッフが管理してるんですけど、彼らにも整理が必要ってことですね」

「だから広めなさいって言ってるじゃない」

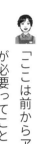

「いや、説明はしたんですけど、それでも捨てられない人も多いと思うんですよ」

「説明は聞いたけど捨てられない？　フン。そんなの結局、自分で無意識にブレーキを掛けているだけなのよ」

「ブレーキ、ですか」

「ブレーキを掛けずに捨てられる方法として３つあるから、彼らに説明したらどうかしら」

「はい。ちょっと待ってください、メモを用意しますので」

エリカが人差し指を立てて話し始める。「まず1つ目は、『3分クリンナップ』よ」

神木は「『3分クリンナップ』ですか。クッキングじゃないんですね」と笑いながら返すものの、エリカは華麗にスルーした。

「場所や数を決めて、3分間でものを処分していくのよ。時間の制限を設けることで集中力が高まるというわけ」

神木は真顔に戻り、「はい」と返事をしてからメモをする。

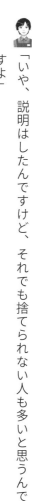

「それから2つ目が『ホワイトベース』よ」

神木の顔が明るくなり「おお、ガンダムのアレですか！」と声を上げるが、エリカは表情を変えず「違うわよ、バカ。なにテンション上がってんのよ」と語気を強めた。

「スッキリしない場所は、いったんすべてのものをどかして白紙の状態、つまり『まっさら』にしてしまうこと。そして、どかしたものは1ヶ月後にゴミとして出すなどルールを決めて捨ててしまうのよ」

そうエリカが説明すると、またしても神木はすぐに真顔に戻り、「分かりました」と返す。


「そして3つ目が『整理DAY』よ」

「最後はフツーですね」と神木が茶化してくるものの、エリカは冷たい眼差しを向けるだけだった。

「このフロアに整理DAY、つまり整理を重点的にする日を設けて、定期的な整理をするのよ。担当者を決めて、その日は巡回して整理するようにするの」

エリカが言うと、神木は頷きながら答える。「なるほど、そこまでやるものなんですね」

神木がメモを書き終えるのを待って、エリカがゆっくりと続ける。

「ということでアナタ、整理責任者に任命するから」

「え？　責任者？　と、言いますと？」

「この店舗全体の整理の責任者よ。まずは今日まで教えたことを各フロアにも展開していきなさい」

「え？　僕がですか？」

「アナタに決まってるでしょ。なに間抜けヅラしてんのよ」

「や、でも、他のフロアの人とかほとんど喋ったことないですよ」

「これを機に喋ったらいいじゃない。そんな話も以前にしたわよね」

「ああ……、はい」

「私の名前を出してもいいから、フロア毎にじっくり〝整理とは何なのか〟を説明していきなさい。すべて説明を終えた後でもし店舗全体の整理の状況が悪ければ、アナタに責任を求めることになるから、そのつもりでね」

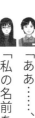

「ひいい。わ、分かりました」
神木は首をすくめながらも、表情からは少しだけ自信が感じられた。

数日後の夕方だった。

鼻歌交じりで嬉しそうに事務作業をしている神木に、エリカが話しかけた。

「どうしたのアナタ、気持ち悪い笑みを浮かべて」

「気持ち悪いは余計ですよ。前にＰＯＰを書いていたマンガの売れゆきが良いんですよ。自分の力で売れたのかと思うと嬉しくて。へへ」

「へえ、それは良かったわね」

そこへ、三浦店長が通りかかった。店長は足を止め、首を伸ばして話しかけてくる。

「神木くん、聞いたよ。僕が書いたＰＯＰより売れたんだってね」

「え……、あの以前からあったＰＯＰを書いたのって店長だったんですか！」

驚く神木に対して店長は返事をすることなく、立ち去ってしまった。

神木は表情を強張らせる。「こ、これは気まずいですね。店長のＰＯＰより反応が良かったなんて」

エリカは神木の肩をポンと叩き、「ま、売れたんだからいいじゃない」と言葉をかけた。

その時だった。ドアが開くとともに女性の声が飛び込んでくる。

「大変です！」

「あれ、松井《まつい》さん」１Ｆのフロアで文庫や絵本を担当している松井愛奈《あいな》だということはすぐに分かった。

「神木くん。今、１Ｆで文庫を探している女性客のスカートの中をスマホで撮ろうとしてるっぽい怪しい人がいるの。今１Ｆには女性スタッフしかいなくて、店長に言っても『何とかして』とか言われるし」松井は息を切らしながら言う。

神木はどうしていいか分からなくなったが、エリカがすぐに「アナタが行きなさいよ」と促した。神木は意を決して、「はい。……駆逐してやる！　盗撮を!!」と言って１Ｆに向かっていった。

結局、神木は怪しい男の後をぴったりマークして謎の威圧感を発揮した。怪しい男は気持ち悪がって店を出ていき、無事に追い払うことに成功した。

松井は「神木くん、ありがとね。おかげで助かっちゃった。お礼に今度ゴハンをご馳走させてよ」と頬を赤らめながら神木に言った。

「ええ?!　いいんですか！」神木は目を大きくさせながら喜んだ。

そんな2人の様子を見ながら、エリカが口角を上げながらボソリと言った。

「さて、次ね」

エリカの5S解説

●整理の精度が5S活動の成果を決める

さっきから言ってるけど、このあとの整頓や清掃もそうだし普段の仕事もそうだし、とにかく作業スペースが必要になるの。それは物理的なスペースもそうだけど、脳内のスペースという意味でも。

だから、その**スペースをしっかり確保するためにも「整理をどれだけ徹底できるか」というのが重要**になってくるわ。

ここで手を抜くと、他の作業にも影響を及ぼすから、気合いを入れてやりなさいよ。

整頓

私、おっちょこちょいで
よくモノを失くしちゃうし
探しものも多いのよね。
でも、それって5Sと
何か関係あるのかしら？
ウフフ♪

第2章

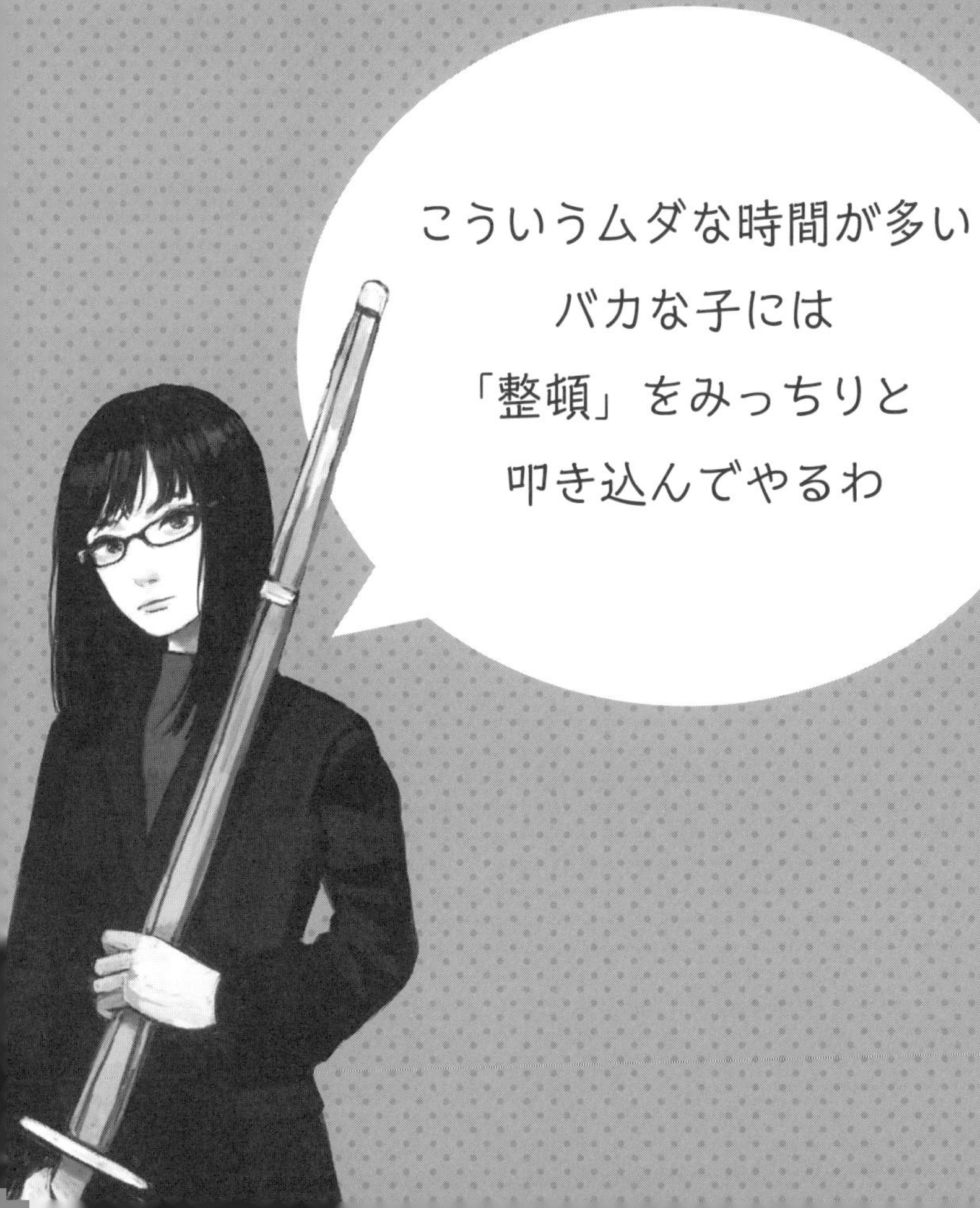
こういうムダな時間が多い
バカな子には
「整頓」をみっちりと
叩き込んでやるわ

整頓

1

「整頓」は何からしていくべきなのか

呉越書店の1Fは大きく2つのエリアに分類される。入り口を入ってすぐのところには、話題の新刊コーナーや雑誌コーナーがある。そして奥には、文庫や絵本があり、若者や親子で賑わっている。その文庫・絵本エリアを担当しているのが、3年目となる松井愛奈だ。松井は陽気な性格で人当たりがいいのだが、ガサツな一面もあるところが欠点でもある。そんな松井のもとに、エリカが顔を出すようになった。

「松井さん、こんにちは」

「あ、お疲れ様です。先日はお騒がせしました」

「いえいえ、無事に収束して良かったわね。今日からこのエリアの5Sを見ていくことにしたから、よろしくね」

「そうなんですか、分かりました。あの、エリカさんって呼んでいいですか」

「いいわよ、別に」

「やった！　じゃあエリカさん、案内しますね」

そう言って松井は、エリカを引き連れてバックヤードをぐるりと案内し、それから絵本エリア、文庫エリアへと案内していった。

「こっちが文庫です。最近はラノベがブームなんですよ。知ってます？　ライトノベル。著者がキラキラネームばかりで覚えにくいんですけどね。ウフフ」

「へえ」

「文庫って小さいからいいですよね。私たちもアルバイトスタッフと片手で何冊持てるか競争したりするんですよ。ウフフ」

「どうでもいいけど、アナタよく喋るわね」

「え？　そうですかぁ？　ウフフフ」

一通り見て回ったところで、エリカが腕を組みながら「とりあえず整理はできているようね」と口にした。すかさず松井は「はい」と答えてから、「神木くんに教わって、ムダなものは捨てていきましたから」と胸を張った。

少しだけ赤らめた頬を見逃さず、エリカは「アナタ、神木くんのこと好きなのね」と表情を変えずに言う。

顔を押さえた松井は「ヤダ、やめてくださいよ、もう！」と言ってエリカの肩を突き飛ばした。

するとエリカは松井を睨みつけ「痛いわね、アナタ。次にやったら突くわよ」と口にする。

「あ……、すいません」

肩を手で払う仕草をしてから、エリカは淡々と話し始める。

「ただ、アナタも探しものが多いわ。整理はされているかも知れないけど、それだけでは足りない。午前中に働きぶりを見ていたけど、探しものに時間を掛けすぎね」

「私、おっちょこちょいなんで」

「なに舌を出してカワイコぶってんのよ。ただのグズじゃない」

「グ、グズ……。なんか嫌な響きですね」

「じゃあ、ノロマが良かったかしら」

「ノロ……」

「アナタね、今この時間も仕事の時間なのは分かるわよね」

「は、はい」

「仕事っていうのはお客様に価値をもたらして初めて意味を持つの。アナタがやっているのは仕事でも何でもないわ」

「私がやっているのが仕事じゃないなんて……さっきからちょっとひど過ぎですよ、エリカさん」

「私は何も間違ったことを言ってないわ。ひどいのは私の言葉じゃなくて、アナタの仕事ぶりよ」

「……じゃあ私はどうしたらいいんですか」

「アナタに必要なのは、整頓よ！」

松井は俯きがちだった顔を上げて話し始める。「整頓なら得意ですから、任せ

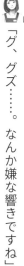

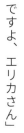

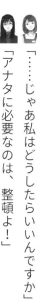

てください。今朝も時間があったから、この棚を整頓したんです」

そう言って文房具の置かれた棚を指さした。

しかしエリカは首を振りながら声を出す。「違うわ。それは整頓じゃないわ」

松井は驚いた顔をして「え？　こうやってキレイにモノを配置するのが整頓じゃないんですか？」と声をあげる。

エリカは冷たく言い放った。「全然違う。そんなことも知らないなんてバッカじゃないの」

「……どうせバカですよ、私は」松井は口を尖らせて言いながら、大きな足音を立ててその場を去ってしまった。


翌朝。雨が降ったせいで夏なのに気温が急激に低下していた。

松井は何ごともなかったように出勤してきた。

「おはようございます」

「あら、おはよう」

「今日は急に涼しくなりましたね。エリカさん、風邪とかひいてないですか」

「大丈夫よ。私を誰だと思ってるの」

「それなら良かったです。立ち読みされている本にくしゃみとかされると泣きたくなるんですよね。入り口でマスクを配りたいくらいです。ウフフ」

「今日も変わらずよく喋るわね、アナタ」

「テヘヘ。あ、そうだ、エリカさん、昨日言っていた整頓って辞書で調べてみたんですけど、『物事を整った状態にすること』って書いてありましたね」

「ふん。じゃあ整った状態って何だと思うの?」

「それは書いてませんでした」

「書いてあることだけを伝えるなんて誰でもできるでしょう。だからバカだっていうのよ」

「……やっぱりひどい」

「アナタが言っていたのは陳列よ」

「陳列、ですか」

「整頓と陳列は違うの。陳列は、見た目としてキレイにモノを配置すること。

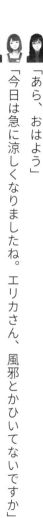

使いやすさは考慮していないの。整頓っていうのは、要るものを使いやすい場所に置くことよ」

「昨日の棚は使いやすく配置していないからダメだったんですね」

「そうよ。モノ探しと情報探しをすることのない環境を作らないといけないの。働きやすいように再配置をして、誰もが分かるように表示をするのが整頓よ。だから、不要なものを捨てた整理と、必要なものを再配置する整頓っていうのは繋がっているの」

「なるほど、神木くんに教えてもらった整理と繋がっているんですね。ウフフ」

「なにかって言うと神木くんね、アナタ。まったく……」

エリカは呆れながら眉間に皺を寄せた。

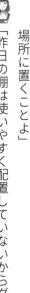

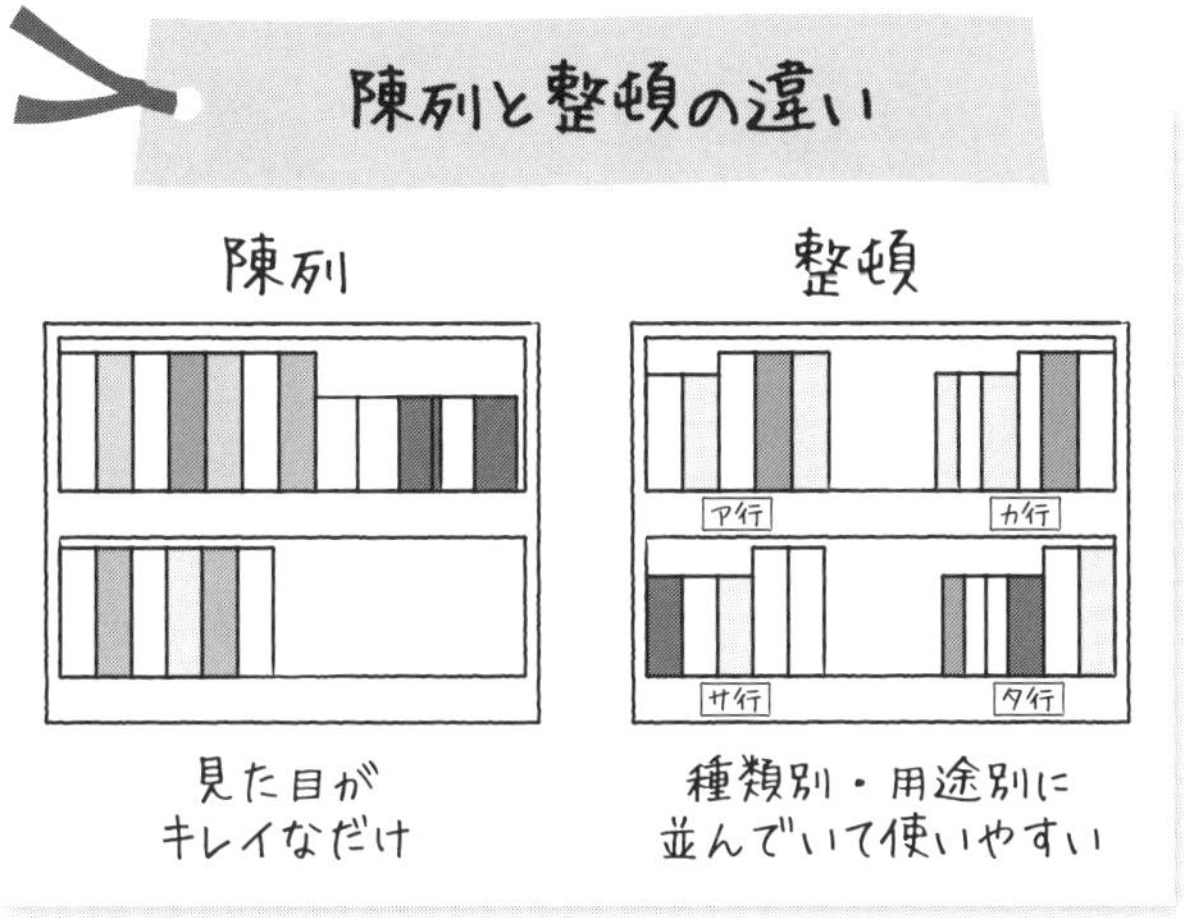

エリカの5S解説

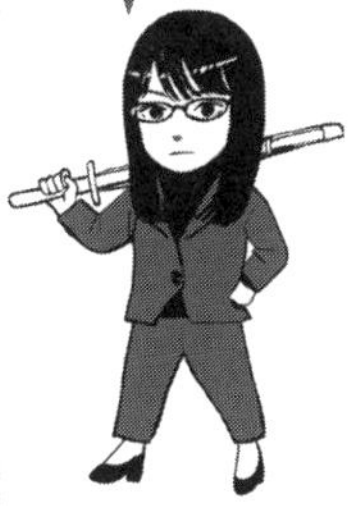

●整頓は陳列とは違う

整頓を陳列と勘違いしている人が多すぎるわ。見た目としてキレイにモノを配置するのはただの陳列よ。この場合、使いやすさは考慮されていないの。**5Sにおける整頓は、「要るもの」を「使いやすい場所に」置いておくことなのよ。**

整理では不要なものを捨てたわけだけど、その整理を経て残った必要なものを再配置するのが整頓。だから**整理をしなければ整頓はできない**のよ。働きやすいように再配置をして、誰もが分かるように表示をしていきなさい。

整頓

2

必要なものをすぐに探し出せるようにしなさい

エリカの解説はまだ終わっていなかったようで、続けて話し出す。

「それとねえ、整頓で重要なのは検索性なの」

「検索性？」

「そう、つまりすぐに探し出せることよ」

「すぐに探し出せること……。ああ、考えてみたら確かに探しものは多いかも知れません。そもそも本を見つけるのも得意じゃないし。問い合わせの本を探している時に限って他の問い合わせを受けちゃったりするんですよね。ハハハ」

「ハハハじゃないわよ。まったくアナタは」

「キレイに並べてはいるんですけどね。大きさも揃えたりするし」

「並べ方にこだわるんじゃなくて、すぐに見つかるかどうかにこだわるべきよ」

「へええ。そんな視点で考えたことなかったです。でも、すぐに見つかるようにするためにはどうしたら良いんでしょう?」

「そのためには余白が大事よ」

「余白?」

「そう、収納スペースは変えることなく『空き』を設けておくこと。適正容量は7割程度が目安ね」

「3割は余白を作っておくってことですね」

「そう。それから、向きは揃えておいたほうが探しやすいわ」

「向きを揃えるんですね。なるほど」

松井は自分のモノを置いている場所に空きを作るため、さらに整理を進めていった。まだまだ捨てられるモノがあったようだ。そして、モノがすぐに見つかるようにすることを意識して、向きを揃えるように配置していった。

エリカは、松井の意識が少しだけ変化したように感じていた。

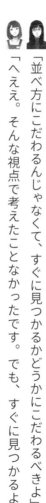

それから1週間後の昼、松井があらたまってエリカに話しかけた。

「エリカさん、ちょっと相談なんですけど」

「なによ」

「〝すぐに見つかる〟っていうことを考えてみたんですけど、そういえば子連れの親御さんに『トイレはどこですか』って聞かれることが多い気がするんですよ」

「あら、それはいい気づきね」

「トイレがすぐに見つからないってことは、これって整頓でなんとかなる話ですよね、きっと」

「そうね。まさに整頓は何がどこにあるかを明確に表示すること。トイレの場所をよく聞かれるってことはトイレが見つけにくくなっているんじゃないかしら」

「やっぱり。じゃあちょっとお客様の目線で見直してみます」

そう言って松井は、入り口のほうへと駆けていった。エプロンを脱ぎ、入り口から自分が担当する絵本コーナーまでスタスタと歩きはじめる。戻っては歩き、立ち止まっては考え、ブツブツと何かを言っている。エリカが近づいてみると、「確かに、初めて見る人からすると少し分かりにくいかも……」という呟きが聞こえてきた。エリカはすかさず「じゃあ分かりやすくするにはどうしたらいいか、考えてみなさいよ」と声を掛けた。

これまでは、壁の一部にトイレの表示が貼られていたが、歩いていると視線はどうしても書籍の棚に向かってしまうので、見つけにくい。松井はしばらく考えた末に、天井からプレートを吊るして表示することを思いついた。

プレートや、天井から吊るすための道具を探すことは、そう難しいことでもなかった。ただ、取り付けはさすがに1人ではできず、アルバイトスタッフの協力も得ることになった。

取り付けをしてから1週間ほど経ってみると、トイレの場所を聞かれることは少なくなっていった。

松井は天井に取り付けたプレートを見上げながら、「1つひとつこうやって、話しかけられることを減らせばいいんですね」と呟いた。少し後ろに立っていたエリカは、頷きながら答える。「そうね。誰かに聞かなきゃいけないってのはお客様からしてもストレスなのよ。そんな余計なストレスは減らしてあげなきゃいけないの。それがアナタたちの仕事でもあるのよ」

松井は納得した顔で頷いた。


しかしその翌日、松井は一変して怯えた顔でエリカの前にあらわれた。

「なにアナタ、そんな顔して」エリカが気になって声を掛けると、「エリカさん、私の友達にエリカさんのことを話したら、驚くべきことを知っちゃったんです」と松井は小さな声で返した。

「なんなのよ」エリカが腰に手を当てながら聞く。すると松井は、こう答えた。

「友達のお兄ちゃんが剣道やってて、上条エリカって名前にすごい反応したんですよ。詳しく聞いたら、なんでもエリカさんは学生剣道のチャンピオンで、『突きのエリカ』って呼ばれて恐れられていたとか」

エリカは黙って聞いていたものの、呆れた顔をしてから「ふん」と息を吐いた。

「別に驚くことでもないじゃない。まあ、そんな時代もあったわよ」

怯えていた松井は、無理に笑顔を作りながら「それにしても、突きのエリカって、すごい呼び名じゃないですか」と返した。

するとエリカは、人差し指を伸ばして松井の額にピタリと乗せながら声を出した。

「その呼び名、あんまり気に入ってないからもう口にしないで。アナタも突いてやろうかしら？」

松井は「ごめんなさい」とだけ言って、その場を立ち去っていった。

エリカの5S解説

● 整頓では検索性を意識して

整頓をする際に心がけるべきは検索性。
つまり「**すぐに見つかるかどうか**」よ。

そのためには収納スペースに余白を設けること。ビッチリと置かれていると探すことが難しくなってしまうわ。

3割くらいの余白を意識しながら、それぞれのモノの向きを揃えるように配置することで一気に検索性が増すから、それは覚えておきなさい。

整頓

3

整頓のキモは3つの「定」

翌日、文庫エリアのレジ前でアルバイトスタッフとお客様が揉めていた。

お客様がスタッフを怒鳴りつけているようだが、スタッフも応戦している。気がついた松井がすぐに対応を変わり、謝罪をして丸く収まったようだった。

一部始終を眺めていたエリカは、松井に「何があったの？」と聞いた。すると松井は、呆れた口調で答えた。

「アルバイトの新人くんが、お客様が探している本を『ありません』って答えたんですけど、お客様が探してみたらあったんですよ。それで『あるじゃないか！』って怒られて」

口を尖らせたと思ったら、続けざまに話し始める。

「本好きを熱く語る新人ほど、お客様の言うことを聞かずにトラブルを起こすんですよね。カバー要らないって言われたのにカバー付けたり、調べもせずに『ない』って言ったり」

エリカは腰に手をやって、「調べもせずに『ない』って言っちゃダメよね。やっぱり、何がどこにあるかすぐに分かるって大事でしょ」と松井を諭す。

すると松井は大きく頷いて「そうですね。やっぱり整頓って大事なんですね」と口にした。

その日の午後、バックヤードではエリカと松井がテーブルを挟んで、向き合って座っていた。

「じゃあ、アナタもようやく整頓の重要性が分かってきたところで、今日は具体的に整頓の流れを教えるわ」

「はい、お願いします」

「整頓には大きく4つの決めごとがあるの」

「4つの決めごと?」

エリカは紙に文字を書きはじめた。

①整頓する対象のモノを決める
②置き場所を決める
③置き方を決める
④表示方法を決める

「こんな流れよ。1つずつ説明するわね」

「はい」

「まず1つ目が、『整頓する対象のモノを決める』ということ。これは整理をしたから分かるわよね。整理を経て、必要なものだけが身の回りにあるはずだから、それらが整頓対象ということ。余計なものは整頓しなくていいの」

「整理は神木くんに教わりましたからバッチリです」

「なにニヤついた顔してんのよ。まあいいわ。そして2つ目が『置き場所を決める』ということ。例えば、じゃあここに輪ゴムを1つ持ってきてちょうだい」

「え？　輪ゴムですか？　えっと……あれ？　いつもここにあるのに……」

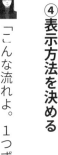

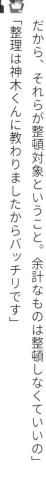

「ほら、輪ゴムの置き場所が決まっていないでしょ。何でもかんでも置き場所が決まっていないから、アナタはいつも探しているのよ。置き場所を決める、というのは大事なことなの。分かる？」

「はい……」

「そして3つ目が『置き方を決める』ということ。ただモノを置くだけでなく、例えば床に線を引いて場所の区分を分かりやすくしたり、棚の並びを工夫して見やすくしたり、置き方も工夫をするのよ」

「ただモノを置くだけなのに、深いですね……」

「そして4つ目が『表示方法を決める』ということ。モノ自体の表示を工夫するということね。モノと場所の両方に分かりやすい表示をしたり、色も考えて付けてみたり。マーカーやラベルライター・マグネットシートみたいな小道具を巧みに使ってもいいわね」

「なるほど。整頓って一口に言っても、やることは一杯あるんですね」

「そういえば」と言ってエリカは立ち上がった。フロアを見渡せる場所まで行って、遠くのほうを指さして言う。「あそこのエリア、いつも乱れているわよね」

エリカが指したのは、児童書コーナーの一角にある幼児向け玩具の場所だった。少しでも遊べるようにとサンプルの玩具が幾つかあるものの、玩具は無造作に放置され、床に散らばっていたりもする。

松井は小さなため息をついて「ああ、児童書コーナーの玩具はどうしても荒れてしまうんですよ。相手は子供ですから」と言った。

エリカは松井のほうへと向き直し、腰に手を当てながら言う。「でも、親御さんの視点に立ったらどうかしら。床に落ちているようなものは触らせたくないし、サンプルとは言え買う気にならないはずよ」

「確かにそれはそうなんですけど……」と言ったところで松井が少し目を見開いた。

「そうか！　ここで〝整頓〟ですよね。じゃあ玩具のシルエットを置き場所に示したらどうでしょうか。エリカさん」

エリカはニヤリと口角を上げた。「いいじゃない。それは整頓の中でも〝定置〟と呼ばれる手法。子供でも使ったら戻せるようになるはずよ」

松井は拳を握りしめながら「なるほど！　定置を覚えればバッチリですね！」と言ったものの、エリカが松井の拳をギュッと握りつぶそうとする。「焦るんじやないわよ。アナタはホントせっかちね」

「イテテテ。すいません。まだ続きがあるんですか？」

　エリカは松井の拳から手を放し、再び椅子に腰かけながら言った。

「これだけじゃない。定置も含む〝3定〟を教えるわ」エリカはそう言って指で「3」を示した。

「さんてい？」

「そう、3定。定置・定品・定量の3つよ」

「定置・定品・定量、……ですか」

「決められた置き場に決められた品を、決められた量だけ置く、ってことね。仕事に必要なモノは、目をつぶってても取れるようにしなければいけないし、数量が多くても少なくてもダメだから」

「確かにそうですね」

「まず定置・定品。置き場所はすでに考えてもらっているけど、何をどこに置くかのポイントは『使用頻度と距離』よ」

「使用頻度と距離……なんだか難しいですね」

「ったくしょうがないわね。モノの使用頻度と、自分からの距離を比例させるってこと。使う頻度がより高いモノはできる限り近くに置くの」

「あ、なるほど。よく使うのに自分から遠くに置いていたらダメってことですね」

「そう。日々の自分の動きを気にする必要があるのよ。アナタはバカだから難しく聞こえるかも知れないけど、〝動作経済の原則〟という話があるの。動きが多ければ多いほど、経済的にもムダが生じてしまう。モノを置く場所は、自分がジグザグに動かなきゃいけないような配置にしないこと。視線を頻繁に動かさないといけないような配置にしないこと。しゃがんだり立ったり動きを大きくしなきゃいけないような配置にしないこと」

「はー、自分の動きってあんまり気にしてなかったです」

「そして定量は、決められた量を置くこと。例えば、コピー用紙が必要だからといってバックヤードに入りきらないくらい予備を持っておくなんてバカみたいなことをしないでしょ」

「確かに。身動き取れなくなっちゃいますもんね」

「でも、そこまでではないものの同じようなことが多くの職場で起きているのよ。そんな不必要な分まで保管する、ということをやらないこと」

「でも足りなくなったら注文しなきゃいけないですよね」

「そう、だから『ここまで来たら発注する』という『発注点』を決めておいてルールに従って補充をするようにすればいいのよ」

「『発注点』ですか。なるほどなぁ」

松井はメモを取り終えると胸を張り、「もうだいぶ勉強しましたね。整頓。これを実践していけば完璧じゃないですかね、私」と言った。

しかしエリカは表情を変えず「いや、まだ問題があるわね」と口にした。

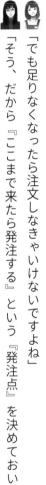

エリカの5S解説

●3定で整頓を進める

整頓には大きく4つの決めごとがあって、**①整頓する対象のモノを決める→②置き場所を決める→③置き方を決める→④表示方法を決める**、という順に進めていくべきなの。

さらに置き場所を決めることを「定置」と呼ぶんだけど、定置も含めた「3定」は覚えておく必要があるわ。

3定は、「定置・定品・定量」の3つ。

決められた置き場に決められた品を、決められた量だけ置く、ということね。仕事に必要なモノを、目をつぶっていても取れるくらい決められた場所に、適切な数量が置かれているようにするべし、ということよ。これくらいは守りなさいね。

整頓

4

扉と蓋は全部、捨ててしまえ

まだ蒸し暑さの残る9月の初旬。

昼のバックヤードでは「暑い、暑い」と言いながら扇風機にあたる松井の姿があった。さすがのエリカも扇子で自らを扇いでいる。

パシッと音を立てて扇子を閉じたエリカが、松井に話しかける。「今日はだいぶ混んでいるみたいだけど、何が原因なのかしら」

松井は眉間に皺を寄せながら声を出す。「今日はまた暑くなったじゃないですか。1Fのフロアって特に涼みに来るだけのお客様も多いんですよ。だから加齢臭もすごいんですけどね」と言いながら鼻をつまむ仕草をした。

扇風機を止めた松井は、「さあ、そろそろフロアに戻ろうかな」と口にしてロッカーを開けようとしたものの、なかなか開かない。

「あれ、開かないな」足を踏ん張って力を入れてみると「バン！」という音とともに扉が開いたが、中から文房具やお菓子がバタバタと落ちてきた。

エリカはチョコレート菓子を拾いながら、「アナタ、すごい荷物ね」と呆れた声を出した。

「いやあ、お恥ずかしいです。へへへ」お煎餅を拾いながら松井が舌を出すと、

「照れてる場合じゃないわよ」とエリカが冷たく言い放った。

「ここも整頓しなきゃいけないわね」
「え、私のロッカーってことですか？」
「まあ、アナタだけじゃないけど、普段は隠れている場所。つまり『扉や蓋《ふた》のある場所』をね」

「扉や蓋のある場所？」
「そう、扉や蓋がある場所っていうのは整頓が必要なの。扉や蓋があると、汚い状態を隠すことにもなるわ。隠しただけでキレイになったと錯覚する人が多いんだけど、それはあくまで錯覚。なんの解決にもなっていないの。だから、扉は外すべき」

「胸が痛いです……。でも、扉を外すんですか？」

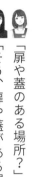

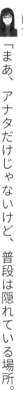

「そう、隠せなくなれば、整頓は進んでいくのよ。さあ、扉を外しましょう」

「ええ?! 今外すんですか？」

「うるっさいわね。善は急げよ。さあ、ほら」

エリカは松井のロッカーの扉を両手で掴んだかと思うと上にずらし、あっさりと扉を外してしまった。同様に他のスタッフのロッカーも扉を外し、蓋の付いた道具箱などを見つけるや蓋を取っていった。

「ざっとこんなところかしらね」

モノを格納しているあらゆる場所が、露わな状態になっている。その様子を見ながら、松井は呆然と口を開けるだけだった。

ふとエリカが、松井のロッカーの前に落ちていた写真を拾い上げた。

「あら、神木くんと一緒に写ってるのアナタじゃない。これどうしたの？」

松井は我に返り、エリカから写真を取りあげて照れながら言う。「こ、これはこの間ゴハンに一緒に行った時にお店の人に撮ってもらったんです！」

エリカは写真を奪い返して、ゴミ箱に突っ込んだ。咄嗟に松井が大声をあげる。

「ちょっと！　何するんですか！　私の大事な思い出の写真！」

「アナタ、ここをどこだと思ってんのよ。職場よ。個人の私物は置かないようにしなさい」

「……はい」

「そうやって私物を職場のロッカーに入れたりするから、他人が踏み込めなくなる。他人の目に触れないから、整頓ができなくなるのよ」

「……じゃあ、他の会社とかって、どうしているんでしょうか」

「大企業のオフィスなんかでは、私物はおろか専用のデスクをなくす企業も増えているわよ。仕事をするのは最低限の装備でいいの。アナタみたいにモノを溜めこむからろくな仕事ができないのよ」

「そ、そうなんですね。じゃあこれからは最低限の装備を心がけます」

「それでいいわ。じゃあ、これからはアナタが整頓責任者ね」

「はい、分かりました」

「あら、嫌がらないの？『ええ?!　責任者ってなんですかー！』とか言いながら嫌がるかと思ったのに」

「いえ、5Sの責任者って、神木くんと一緒ですもんね。ウフフ」

「ケッ。そういうことね。まあいいわ。じゃあ責任者として整頓を全フロアに広めていってちょうだい」

「ただ教えていけばいいんですよね」

エリカは人差し指を立てて左右に振った。

「ただ広めるだけじゃダメね。責任者として、どうやって整頓を定着させることができるかも考えてみなさいよ」そう言うと、みるみる松井の眉間に皺が寄っていく。

「え、例えば定着させるためにどんな方法がありますか？」

エリカはため息交じりに「しょうがないわね。例えば、やるべきことをまとめた整頓一覧表みたいなものを作って標準化を図るのもいいわね。それから、効率的に整頓するために道具を充実させてもいい。ちょっと考えりゃアイデアなんて浮かぶはずよ」と言った。

松井は頬をふくらませて「はーい。無いアタマを絞って考えてみますよ」と言いながらメモを書きだした。

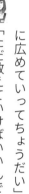

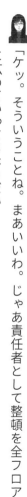

忘れないようにと松井がメモを書いていると、後ろから「もうホント嫌になるわぁ」という声が聞こえてきた。

海保《かいほ》純子《じゅんこ》の声だ。海保は松井と同じ1Fフロアの入り口付近、雑誌や実用書エリアを担当しているベテランの女性だ。

「海保さん、お疲れ様です。どうしたんですか？」松井が手を止めて海保に声をかけた。

すると海保は、口をへの字にしてから怒涛のように喋りはじめる。

「万引きよ万引き。新しく出た女性誌の付録がゴッソリ抜かれてるの。もうホント嫌になるわよね。本ぐらい安いんだから買いなさいっての。雑誌もちょくちょく盗まれるし、実用書もそう。もう50年以上生きてるけどいい加減、人間不信になるわよね、まったく」

「海保さん、万引きが多い理由ってなんなんですかね？」エリカが言葉を遮るように声を掛けた。

「上条さん、ただでさえこのエリアは話題の本も多いし入り口に近いから盗まれやすいのよ」海保が説明してから頬をふくらませる。

するとエリカが腕を組み直しながら1歩前に出てきて言う。「海保さん、前から言おうと思っていたんですが、この店で起きている万引きはアナタのせいでもあるかも知れません」

「ちょっと、どういうことよ！　私を疑っているってこと？」海保が声を荒げながらエリカに歩みよった。

「エリカさん、なんてことを言うんですか！」松井は海保の体を押さえながらエリカを睨みつける。

エリカは海保を一瞥してから、フロアに出ていってしまった。

エリカの5S解説

●扉と蓋は整頓の邪魔

扉や蓋があって普段は隠れている場所っていうのは整頓をすべき対象の場所よ。人間っていうのは汚いものを隠したがる習性がある生き物よ。だから、**隠せないようにするためにも扉や蓋を取っ払ってしまうの。**

それに、モノを探す時に扉や蓋があるだけでいちいち開けて確認しなきゃいけなくなるの。これだけでも大きな時間のロスよ。だから、身の回りからはなるべく扉や蓋を無くしていきなさいね。

清掃

書店に来るお客さんって
なんでこうも悪いことばかり
するのかしら？
この間は盗撮があったし、
最近また万引きが多発してるし。
どうしたら減るのかしら、
まったく……

第3章

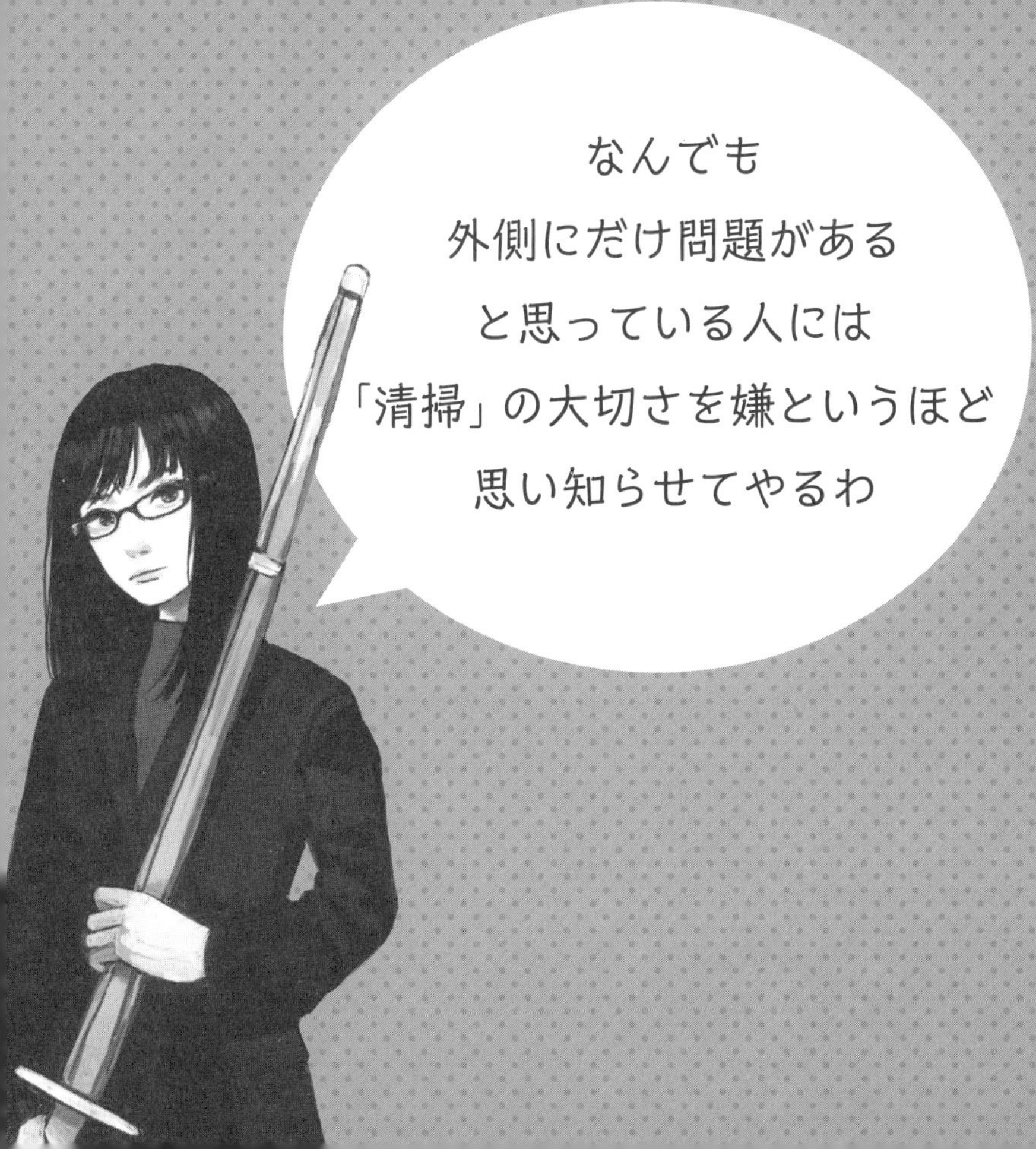
なんでも
外側にだけ問題がある
と思っている人には
「清掃」の大切さを嫌というほど
思い知らせてやるわ

1 清掃

なぜ、何のために「清掃」をするのか

「またやられたわ！　今日出たばかりの雑誌と本ばかり狙われてる……」海保は大きな声をあげてから、軽くパーマをあてている前髪を掻きむしった。

「海保さん、どうしたんですか」バックヤードに入ってきたエリカが淡々と聞いた。

「あら、上条さん。また万引きよ。在庫の数と売上が合っていないの。そうか、お昼過ぎに入り口近くの平台に本が無造作に積まれていたけど、あれが万引きの準備だったんだわ。どうせ転売が目的なんでしょうけど」海保はそう言ってからまた何かを思い出して眉間に皺を寄せた。「そういえば上条さん。この前、万引きが私のせいでもあるって言ったわね。あれどういう意味か説明しなさいよ！」

エリカは表情を変えずに口だけを動かす。「アナタがやったなんて一言も言っていません」

「同じようなものよ！　万引きってのは本を持っていくだけじゃないの。雑誌の付録だけを盗む主婦もいるし、懸賞が当たる応募券だけちぎって持っていく人もいるのよ。そうなるとその雑誌はもう売り物にならないの。書店員じゃないアナタに私たちの苦しみが分かる？」

　エリカは1歩だけ海保に近づいてから淡々と答える。「私だって何にも知らないわけじゃないわ。書店での万引き被害額は年間でおよそ２００億円。１日では５千万円強も被害が出ている計算よ」

　思わず海保が声をあげる。「１日でそんなに?!　ホント許せないわね、万引き犯ってば」

　エリカはさらに1歩、海保に近づいてから声を発した。「もちろん盗むヤツは最悪よ。厳しく罰せられるべき。けどね、そもそも盗まれてしまうような環境を作っているのはアナタだって言いたいの」

　すると海保が机をバン！　と叩いた。

「盗まれてしまうような環境を私が作っている？　どういうこと？」

「アナタが清掃をしていないせいだって言ってるの」

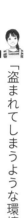

「清掃をしていない？　清掃ってあのお掃除のことでしょ。お掃除と万引きとどういう関係があるのよ？」

「そもそもこのお店、入り口周辺が薄汚いのよ。アナタが清掃をしている姿を見たこともないけれど、清掃していないわよね？」

「ああ、清掃は苦手なのよねぇ。店長にもたまにやれって言われるけど、とりあえず見られてる時だけやってるフリしとけばいいかなって」

「ふん。清掃の重要性を分かってないなんて、使えないわね、アナタ。戦闘力ゼロ？」

「ちょ、戦闘力ゼロって……」

「それから、入り口前の駐輪場。お客様の数に比べて明らかに自転車の数が多いわよね。これは不法駐輪されているはずだわ。それに、カゴにはお店の袋やブックカバーも捨てられている。それも清掃されていないわ」

「それも万引きに繋がるって言うの？」

「そうよ」

エリカは椅子に腰をかけてから、腕を組んだ。

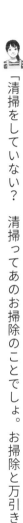

海保は目を大きくしてエリカを見つめている。

「海保さん、汚いレストランって行ったことある？」

「汚いレストラン？　……ああ、ダンナの実家の近くにある地元の食堂が汚かったわ」

「どんな気分だった？」

「ああ、確か……ダンナに対して『食欲が湧かない店ね』ってこぼしたっけ」

「じゃあ、１人３万円のフルコースのフレンチレストランに入ったらどんな気分かしら」

「親戚にご馳走してもらって一度だけ入ったことがあるけどね、もう背筋が伸びて目が輝いちゃって、ワクワクしたわ～」

「そうでしょう。今の話は書店でも同じことよ。汚い店舗とピカピカのキレイな店舗では、入ってくるお客様の気分は違うものなの」

「そうか、ウチが汚いお店だから……」

「そう、だから犯罪も起こりやすいのよ。これは環境犯罪学で言うところの

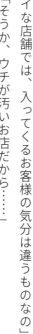

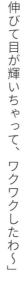

ブロークンウィンドウ理論と同じよ」

「ブロークン……ウィンドウ？」

エリカは、壁に貼り付けてあるホワイトボードに、ペンで車の絵を描いた。

「例えば道に車が放置されているとするじゃない。でも、ただ放置されているだけでは何も起こらないの。そこで……」

ペンを持ち上げたエリカは、車の窓ガラス部分にひび割れを描いていった。

「こうして窓ガラスにひび割れを入れたらどうなるか。このまま放置していると途端に、車に傷をつけられたり、周囲にゴミが散乱したり、タイヤをパンクさせられたりするようになって、どんどん環境が悪化していくの。これがブロークンウィンドウ理論。こうなった環境では最終的に殺人事件が起きたりもするの」

「殺人事件！」海保が裏返ったような声を出す。

「この国だって、地域によって犯罪の発生率というのが異なるはずよ。それは、周りの環境と関係があるんじゃないかしら」

「確かに……」

「食品工場は清掃にこだわっているわよね。職場が汚れていれば製品に異物が入ったりしてしまい、あっという間に顧客の信用を失って倒産するからよ」

「以前にそんな事件もあったわよね。私もスーパーで買う商品をよく確認したわ」

「じゃあ、清掃をするのは食品工場だけでいいのかしら？」

「ぐ……」

「それ以外の会社でも、仕事が終わった後や仕事の前に清掃をするところは多いわ。それは、清掃を通して『職場を汚さないようにしよう』という気持ちのあらわれよね。つまり、その会社の行動と結果が清掃にあらわれるの。だから、汚れている職場っていうのはね……」

エリカが海保に近づいてから人差し指を向け、声を発した。

「お客様を舐めてるのよ！」

海保は目を丸くしたまま動かない。エリカは続けて口を開いた。

「誰がそんな会社に仕事を頼もうと思うかしら？　誰がそんなお店の商品を買お

うと思うかしら？　アナタの行動のせいで、お客様に舐められてるのよ！」

「私のせいで……でも、私だけじゃないはずよ。だって、パートの人だってアルバイトの子だって」海保は口を尖らせながら応戦した。

閉店した店内には誰も残っていないようで、海保の声がバックヤードに響いた。

「あとアナタの欠点がまだあるわ。モノを探していることよ。整理整頓は教わったはずよね」

「ええ、神木くんと松井さんから。ちゃんとやったわよ」
「でも、できてないのよ。海保さん。それはなぜかというと、清掃をしていないから。清掃にはもう1つ重要な役割があって、整理整頓ができているかを点検する役割もあるの。清掃をしながら、表示されている場所以外にモノが置かれていたら元に戻していく」

「点検をする役割ねえ」
「整理整頓ができれば雰囲気は随分変わってくるはずだけれど、さらにそこで清掃を行ってその状態を維持し続けることが大事なのよ」

「役割は分かるけど、それをやるのは私だけじゃないはずよ」

「海保さん、あそこにゴミが落ちてるんだけど、さっきからアナタ拾わないわよね」

エリカが指したのは、バックヤードの入り口にあるゴミだ。紙が丸まった状態で床に転がっている。海保は苦笑いをしながら「ああ、チラッと見えていたけど、あとで拾おうかなって」と答えた。

するとエリカが目を見開いて一喝する。

「気がついたらすぐ拾いなさいよ！」

「そんな大きな声出さなくても……。うちの姑より声が大きいわね……」

「海保さん。私が以前に所属していたコンサルティング会社の社長が、気がつくとすぐゴミを拾っていたの。何億ももらっている社長がよ」

「へえ、社長さんがねえ。秘書とかが拾えばいいのにねえ」

「そう。私も当時はそう思って聞いたのよ。誰かに任せればいいじゃないですかって。そうしたら、こんな風に答えたのよ」

「なんて？」

「『私がこのゴミを拾わなければ、1日中ここを通る人の目に触れるだろ。私がこのゴミを拾えば、通る人たちが汚いゴミを見ないで済むじゃないか。だったら拾ったほうがいい』ってね」

「ああ、なんだか胸が痛いわね……」

「自分が清掃をすることで、他の人が気持ち良くなる。そういう意識を持つことが大事なのよ」

海保はその日、うなだれたまま家路についた。

エリカの5S解説

●清掃する理由を理解する

清掃っていろんな企業で取り組みをしていたりもするけれど、「何のために清掃をするのか」を理解せずに取り組んでいるところが多すぎるのよ。それだと全く力が入らないし、続かないし、何もいいことが無いわ。

まずは**何のために清掃をするのか**という理由をしっかり理解してから清掃に向き合うことね。

海保さんに言ったことをまとめると「良い環境を作ることで良い仕事に繋がり、お客様にも喜んでいただける」ってことかしらね。

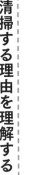

2 清掃

清掃の手順を叩き込んでおきなさい

翌日も海保の心は晴れていなかった。

今まで好き勝手に仕事をしてきたせいか、誰かに注意をされることはなかった。自分を否定されたような気分を引きずったままだったのだ。

仕事も気分が乗らず、悶々としたまま日は暮れていった。空気を察したのか、さすがにアルバイトの女の子が「海保さん、なんだか機嫌が悪そうですね」と気を遣って話しかけたところ、海保の愚痴が爆発した。

「そりゃ機嫌も悪くなるわよ。考えてみたら、ひどいお客様ばっかりよね、このお店。よく見かけるけど、雑誌の袋とじを破くのなんて犯罪よね、アレ。若い男の子はまだ隙間から必死に覗きこもうとしてて可愛いけど、オジさんなんかタチが悪いわ、ホント。最近は悪質なオバさんがレシピ本をスマホで撮影しちゃったりもするじゃない？　お年寄りともなると旅行本を見ながらその場で旅館を予約したり、地図本を『コピーさせろ』って言ってきたり。本はタダじゃないんだからねぇ、まったくもう」

矢継ぎ早に飛び出す海保の言葉に、アルバイトの女の子は圧倒されるだけだった。

女の子が「そ、そうですね」と言いながらバックヤードを出ていこうとするのと入れ違いでエリカが入ってきた。

「やけに愚痴が多いわね」

海保はエリカを一瞥すると、「アナタのせいで何だかカリカリしちゃってるのよ」と吐き捨てた。

エリカは海保の様子を気にすることもなく、淡々と続ける。「それはアナタが今まで仕事と向き合っていなかったからでしょう」

「昨日から清掃のことを考えはじめたわよ。だけど、実際どうやって進めていけばいいか分からないのよ。だって、ただ清掃するだけじゃダメなんでしょ？」

「ふん、ようやくその気になったようね。じゃあ教えるけど、5Sの『清掃』

を導入していく手順は大きく3つよ」

「3つ……」

「まず1つ目は、清掃方法を決める。2つ目は、清掃道具を整備する。3つ目は、清掃を全員で実施する。この3つよ。簡単でしょ」

「方法を決めて、道具を揃えて、全員で進める……ってことよね」

「そう、まずは1つ目の清掃方法ね。清掃方法の基本は、掃く、拭く、磨くの3つ。そしてポイントは少ない労力で一番キレイになる方法で行うことよ。例えば、ガラスを拭こうと思ったらティッシュじゃダメよね。専用のガラスクリーナーがあればいいけど、無ければ新聞紙でも代用できる。例えば、セロハンテープの跡が残ってしまっている部分は、爪で一生懸命はがそうとしても時間のムダ。中性洗剤を使えばキレイになるわ」

「なるほど」

「他にも、給湯室周りの水アカや茶渋は歯ブラシで磨いたり、どの場所に何を使ってどうキレイにするかを考えて、それに合わせて清掃道具を整備していくの」

「そういう流れなのね」

「それから、使用する清掃道具は職場全員の人数分を用意すること。清掃道具がない、という理由で清掃しない人が1人でも出てはダメなのよ」

「確かに、清掃道具が無いから清掃しないって、私も言い訳したことあるわ……。でも、絶対に全員でやらないとダメなものかしら。誰か1人くらいは休んでも」

「ダメよ。全員でやらないと意味がない。Appleの社訓にこんなものがあるの。“Everyone sweeps the floor”」

「ど、どういう意味かしら。英語分かんなくて……」

「〝床清掃は全員で〟ってことよ。成功のためのルールとしてApple社内で言われているの。それぐらい大事だってことよ」

「まあ、よく分からないけど、分かったわ」

海保はそう言いながら、持っていた手帳にメモを記し、「ちょっと清掃方法を考えてみるわ」と言いながら意気揚々と帰っていった。

数日後の朝。海保が出勤すると、バックヤードにはすでにエリカの姿があった。

「おはよう、海保さん」

「おはようございます、上条さん」挨拶を返す海保の姿を見ながら、エリカが言った。

「海保さん、毎日いろんなバッグを使ってるみたいだけど、なんでそんなにたくさんバッグを持ってるのよ」

海保はニヤリとして「これ全部、雑誌の付録よ。最近の女性誌は付録がすごいんだから。手帳とかポーチとか化粧品とか」と得意げに喋りはじめる。

しかし、エリカは表情を変えずに「そうなのね。私は興味ないからいいわ」と答えた。

「そうそう、この間言っていた清掃方法を決めてまとめたの。ちょっと見てちょうだい」

海保はそう言って付録のバッグから付録の手帳を取り出して見せた。

「フン。悪くないわね」

エリカは手帳を一通り見ながら、そう呟いた。

海保は目を輝かせて「これでガンガン清掃していけばいいのよね」と口にしたが、エリカがすぐに海保を制した。

「気が早いわね。実施する前に、まず『ルール表』を作るのよ」

「ルール表？」

「そうよ。決めた清掃方法や、清掃をする場所、時間を書いた清掃ルール表を作るの」

「そうか。皆でそれを見ながら進めていくわけね」

「それだけじゃない。点検表も作るのよ。点検表は、清掃ルール表にもとづいて確実に実施したかどうかを記録するためのものよ」

「何だか面倒くさいわね。やった後も書かなきゃいけないの？」

「やりっぱなしじゃなくて、実施したかどうかの確認をしないと。それは記録を見れば明らかでしょ。もしやっていない人がいたら、注意していけばいい」

「誰がやってないかも分かるわけね」

「それから、清掃は全員参加だと言ったけれども、場所ごとに担当者を決めなさい。その担当者が点検表を付けていくこと」

「その日にやりたい場所をやるっていうのじゃダメなのかしら？」

「清掃で担当者を決めるのはメリットが3つあるからよ。1つ目は、担当の場所を持つことで自覚と責任感が芽生えるわ」

「自覚と責任感。なるほどね」

「2つ目は、担当した場所をキレイにすることで『この場所を大事に使って欲しい』って愛着がわくことよ。そして3つ目が、その場所を使う人も『担当者がキレイにしているんだから大事にしなきゃ』って思いやりが芽生えるの」

「あら、なんだか素敵なメリットなのね」

「そう、清掃って本来素敵なものなのよ。でも、この書店には自覚も責任感も無ければ、愛着も思いやりも感じられない」

海保は口角を上げながら「さすが、一流コンサルタントさんは鋭いところを突くわねぇ」と高い声を出した。続けてエリカに質問を投げる。「そういえば上条さんって、なんでコンサルティング会社から書店に来たの？」

エリカは何かを感じ取ったのか、竹刀袋から竹刀を取り出しながら「私のことはいいじゃない。うるさいわね」と答えた。

しかし、海保の質問は止まらない。

「書店にコンサルが入るなんてあまり聞いたことないから普通は気になるもんでしょう。そんなに大きな書店っていうわけでもないんだし。うちの社長と何か深い関係でもあったりして？」

するとも竹刀を海保の顔の前に向け、鋭く睨みつけた。

「これ以上詮索すると、突くわよ」

清掃の手順

① 少ない労力でキレイになる清掃方法の決定

↓

② どの場所に何の清掃道具を使うかを決める

↓

③ 全員で実施していく

エリカの5S解説

●清掃を進めていく3つの手順

清掃を進めていく時に、とにかく目の前の清掃道具でガシガシやるのは、ただのバカよ。まずは**少ない労力で一番キレイになる清掃方法を決めること。**

次に、**どの場所に何を使ってどうキレイにするかを考えながら清掃道具を整備すること。**今あるもので何とかするのではなくて、最適な清掃道具を用意するのよ。そして最後に**清掃を全員で実施していくこと。**「全員で」というのがポイントで、そのためには清掃道具も全員分を用意する必要があるわ。

3 清掃

清掃道具も〝定置〟がキモ

すっかり底冷えする季節になってきたものの、呉越書店1Fのバックヤードは休憩中、温かい空気に包まれていた。スタッフ同士の会話も活発になり、明るい雰囲気になってきたのだ。

今日も海保を中心に、アルバイトスタッフたちがひと時の会話を楽しんでいた。


「さっき真面目そうな男子学生がエロ本買ってましたよね」

「あれ？　参考書じゃなかった？」

「いやいや、参考書と参考書の間にエロ本を挟み込んでたんですよ」

「出た出た、エロ本サンドイッチ」

「まあ、微笑ましいもんじゃない。私なんてさっき爆笑しそうになったことがあったわ」

「どうしたんですか？」

「本を探しているおばあちゃんがいたんだけど、タイトルを聞いたら『人生が片づく魔法のなんとか』って言われちゃって。咄嗟に『魔法で人生を片づけちゃダメよ、おばあちゃん！』ってツッコんだの。それで『人生をきらめかせる片づけの魔法』をすぐに持っていったのよ」

「あははは。人生を片づけちゃダメですよね」


楽しい会話が繰り広げられているバックヤードは、以前と違ってキレイな空間になっていた。海保が主導者となり、1Fフロアでの清掃が進んでいったからだ。

夜になって、ひと段落ついた海保がエリカを見かけて話しかける。

「上条さん、だいぶキレイになってきたでしょ。これでもう清掃も完璧よね」

しかしエリカは表情を変えずに「何を言ってるの。まだできていないわ」と返した。

「なんでよ。皆意識してくれて、汚れたらすぐ清掃するようになったのよ」と海保が口を尖らせながら言う。

エリカは「フン。確かに清掃は短時間ですませることに意味があるから、汚れたらその時に清掃する、というのが基本よ。それができているのは良いことだわ」

そう言いながらバックヤードの奥に歩いていき、清掃道具入れのドアをガチャリと開けた。

「けどね。使った清掃道具が元に戻っていないのよ」

エリカが指摘した通り、確かにそこに入っているべき清掃道具がほとんど存在しなかったのだ。

海保は慌てて「まあ、よく使うから皆いろんなところに置いたんじゃないかしら」と弁明する。

「海保さん、整頓は教えてもらったわよね」

「ええ、松井さんから」

「清掃道具も『定置』が必要なのよ」

「ああ、置き場所を固定するってことね」

「清掃をし始めたのはいいけれど、清掃道具が散乱しているのはダメね。全然ダメ」

「はい。ちゃんと元に戻させますって」

「それから、置き場所も少し変えたほうがいいわね」

「そこの清掃道具入れじゃダメってこと？」

「そう、清掃をしようと思っても清掃道具が近くになければキレイにすることが面倒になるでしょ。清掃道具入れがあそこにあるからって、必ずしもあの場所じゃなきゃいけない理由は無いの。清掃をすべき場所の近くに、その場所に適した清掃道具があるべきよ」

「ああ、昔からあの場所だったから、いわゆる固定観念ってヤツよね」

「それと、見る限りモップの数が多くてホウキの数が少ないように感じるわ」

「は？　モップの数とホウキの数？　そんなのも気にしなきゃいけないのかしら」

「何言ってんの、もちろんよ。いつでもすぐに清掃ができるように必要なものを必要なだけ揃えておくの。多すぎても少なすぎてもダメ。それが定置よ」

海保は「清掃道具も定置ね、分かったわよ」といってホウキやモップを元の場所に戻していった。そして、何をどこに置くべきかを考えながら歩き回り、メモに書き留めていった。

それから数日後、海保は清掃道具の置き場所を変更していった。

必要な場所に必要な道具を置くことで、変化が起きたようだった。

「すぐに清掃に取り掛かれるのはいいわね。キレイにしたい時にすぐできるからストレスもないし」と嬉しそうにエリカに言っていたからだ。

海保だけでなくアルバイトスタッフも清掃がスムーズにできるようになったようで、１Ｆのフロア全体がキレイになってきているのは誰の目にも明らかだった。

しかし、そのキレイな状態も長くは続かなかった。


「キレイになったと思ったら最近また汚れてきたわよね」エリカが海保に指摘をする。しかし、海保はあまり認めたくないのか、「そうかしら。清掃はいつも通りやっているんだけど」と反抗的な口調をみせた。

するとエリカは「ちょっと来なさいよ」と言って海保の腕を掴み、１Ｆフロアの端まで引っ張っていった。

「ちょっと、何するのよ」「いいから来なさい」エリカは強引に海保を連れていくと、床を指さして言った。

「ほら、見てみなさい。汚れのスジができているし、ゴミも取り切れていないわ」

確かにエリカが指摘した通り、よく見ると床には汚れが残っている。海保は苦笑いを浮かべながら「ちゃんと清掃したのに、なんでかしら……」と答えるだけだった。

「理由は分かっているわ。これを見なさい」

エリカが長い指で示したのは、先日場所を移させた清掃道具だ。よく見ると、モップの先端が汚れていたり、ホウキの先が曲がっていたり、だいぶくたびれているように見える。

「え、道具が悪いってこと？」

「そうよ。道具の手入れができていないせいよ」

「あらぁ、道具の手入れまでしなきゃならないのね」

「当たり前じゃない。道具が近くにあったとしても、こんなボロボロのホウ

キやモップで清掃し続けているのでは意味がないわ。清掃はキレイな状態を維持することが目的なのよ」

「でも、私たちは書店員なんだから本のことだけ考えていればいいんじゃないのかしら……」

「違うわ。一流のアスリートは道具にもこだわるし、道具の手入れもしっかりとしている。私だって剣道の道具はいつもキレイに手入れをしているし、古くなったらすぐに買い替えているわ。同じ様に、きちんと管理している会社は清掃道具にまで神経を行きわたらせていて、モノを大切にする心も育っている。そうなって初めて、５Ｓが機能するのよ」

「そんなに深いものだとは……」

「分かった？　キレイな清掃道具がキレイな職場を作るの。清掃道具も良いものを大事に使いなさい。清掃道具の管理レベルがその会社の５Ｓレベルともいえるんだから」

「分かったけど、買い替えるとしてもうちの書店にはそんなに予算がないわよ」

「店長に言っても？」

「あの人、ケチだからちょっとした経費も渋るのよ」

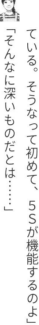

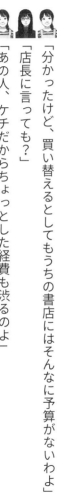

「じゃあ私から言うわ」

海保は眉間に皺を寄せながら、「上条さんが言っても聞くかしら。本当にケチなのよ、あの人」とボヤいた。するとエリカの目つきが鋭くなったかと思ったら、冷たい声を発した。

「は？　私を誰だと思ってるの？」

エリカに睨まれた海保は、ただ黙って背筋を伸ばすだけだった。

エリカの5S解説

●清掃道具の質も意識する

さっきは清掃道具を人数分用意しろって言ったけど、数だけでなくて質も大事。**良い清掃道具でなければ良い清掃はできないわ。**それから、その清掃道具が置いてある場所も重要よ。整頓のところで「3定」の話をしたけれども覚えているかしら？「定置・定品・定量」の3つ。決められた置き場に決められた品を、決められた量だけ置く、ということね。これは清掃道具にも当てはまることよ。

清掃の時間なのに清掃道具を探し回っているヤツがいたら竹刀で突いてやるから、覚悟してなさい。

4 清掃

汚れの発生源を見つけて対策しなさい

「いやあ、今日はマフラーが要らないほど暖かい日ね」

海保がアルバイトの男の子と談笑しながらエプロンを着けていると、いつの間にかエリカが背後に立っていることに気づく。

「あら、上条さん。おはようございます」

「おはよう、海保さん。すぐフロアに出て床を見て欲しいんだけど」エリカはフロアの方向を指さして淡々と言った。

海保は訝しげな顔をしながらも、そそくさとフロアに向かうと、汚れた床が一面に広がって見えた。

「あら、えらい汚れているわね！」

靴の跡や水滴の跡が泥に交じって床に幾つも存在している。

「おそらく、昨日の雨が強かったせいじゃないかしら」

エリカは腕を組みながら呟いた。

「清掃をしたところなのに、またひどい汚れねえ、これは」

海保はため息交じりに言葉を吐き出したものの、すぐに顔色を変えた。

「でも、もう新しい清掃道具になったし、パッと清掃すれば大丈夫よね」

「違うわ。ただ清掃すればいいというのではダメ」

「え？　清掃すればいいんじゃないの？」

「汚れの発生源の対策をしないとダメなのよ」

「汚れの発生源？」

「そう、つまり、汚れの原因を探り、元の部分をなくすこと」

「これだけ汚れた原因って、雨が降ったからでしょ？　雨を止めろって言うの？」

「違うわよ、アナタおバカ？　雨が降ったことが原因だけれども、汚れたのは濡れた靴や濡れた傘に起因するものでしょ」

「（おバカって……）じゃ、じゃあ濡れた靴や傘が発生源ってことよね」

「そうよ、その対策を考えなさいよ」

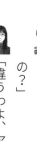

「えっと、濡れた靴は、入り口の足マットで拭いてもらっているわね。それから傘も入り口でビニールを付けてもらっているわ。対策はもうしてあるじゃない」


海保はそう言いながら小走りで入り口へ向かう。

足マットと傘入れ用の袋スタンドに目を向けると、眉間に皺が寄った。


「足マットはもう古くなって繊維が剥げているわ」

「これじゃあ水分を吸収できないわね」

「傘入れ用の袋スタンドにも、ビニール袋が付いてない。補充していないじゃない」

「在庫が切れたタイミングから、お客様は濡れた傘のまま店内に入るしかなかった、と」

「そりゃこれだけ汚れるわけよね」

「そもそも傘のビニール袋って皆ちゃんと使うのかしら」

「ああ、面倒くさがって使わない人もいるわ」

「じゃあ確実に店の中が濡れないようにするためにはどうしたらいいのかしら。それを考えなさいよ」

「え……ああ、昨日行ったショッピングモールでは傘を穴の中に入れるだけで自動的にビニールが付く機械があったわね。あとは鍵付の傘置き場があるお店もあるし……」

「じゃあ実現できそうな案があったら後で教えてちょうだい。そういったことを考えて実現させていくのも清掃の１つよ」

エリカはそう言うと、バックヤードに向かってスタスタと歩いて行ってしまった。海保は難しい顔をしながらも、〝考える〟ということを続けていった。

翌朝、早くから呉越書店には多くの店員が出勤してきていた。

今日は、小説『ハリーボッテー』の新シリーズが発売される日だ。多くのお客様が開店前から並ぶので、準備のために店員は早朝出勤を余儀なくされる。

海保も朝から張り切って出勤し、エプロンを着けたかと思うと「さあ、気合いを入れてまずは大掃除よ！」と息巻いた。しかし、背後にいたエリカがすぐに割り込んで声を出してくる。

「海保さん、そこまでやらなくていいわよ」

「は？」海保は驚いて固まってしまう。すぐさま「こういう時こそ大々的に清掃をすべきでしょう！」と力説するものの、エリカは顔の前に出した手をブンブンと左右に振るばかりだった。

「どういうこと？　上条さん」不思議そうな顔で海保が聞いた。

「特別なやり方で清掃をして疲れてしまってはダメ。『つらいイベント』になってしまうわ」

「つらいイベント……」

「清掃はあくまで決めた通りの時間、決めた通りの範囲で習慣として行うもの。そのルールは変えないほうがいいの」

「習慣ねえ。まあ確かにイベントにすると、やり方も人それぞれになりそうだしね」

フォローしないと、
突くわよ。
整理整頓に役立つグッズ
が当たるかもね。
詳しくは裏面へ
© ざしきわらし

『トヨタ流「5S」最強のルール』

読者の皆様へ

整理整頓に役立つ！超レア！
エリカの特製クリアファイル
が当たるTwitterキャンペーン開催！

イラストレーター・ざしきわらしさんが描いたカバーイラスト
「エリカ」の特製A4クリアファイルが抽選で25名様に当たる！

応募方法はこちら

1. 下記のTwitterアカウントをフォローしてください
トヨタ流「5S」最強のルール feat. 上条エリカ（@DoSno5S）

2. 「#ドエスのゴエス」というハッシュタグを付けて
「購入した本の写真」をツイートするだけで応募完了です

締め切り：2018年5月7日（月）23:59まで
※お一人様何回でもご応募いただけますが、同一の内容を複数回投稿することはご遠慮下さい。

当選発表

●厳正なる抽選の上、当選者を決定いたしますが
当選はお1人様1回とさせていただきます。
●当選者には5月中旬にTwitterダイレクトメッセージで
当選通知をお届けします。そのため、公式アカウントを
必ずフォローしていただきますようお願いいたします。

「習慣にする際は時間で区切るのがベストね。場所で決めてしまうと全部終わるまで次のことができなくなる恐れがあるから。それに、仕事が忙しくて清掃の時間が取れなかったりすると続かなくなるわ。だから、強制的に時間を決めてしまうのがいいの」

「なるほどねえ。でも、清掃道具を変えたり、根本的な原因を探したり、時間を決めたり……正直なところ、そこまでやるものだと思ってなかったわ。そこまでやるからには、万引きされないだけじゃなくて、よほどのメリットがあるってことよね。効果がないことはやりたくないもの」

「フッ。主婦らしい発想ね。もちろん効果は山ほどあるわ。ちょっと来て」

そう言ってエリカは、バックヤードの壁に貼られているホワイトボードの前まで海保を連れてきた。

不意にペンのキャップを外すと、「清掃を習慣化することで得られるメリット」と題して、さらさらと文字を書き始めた。

①清掃をすることで、自身の心身を磨くことにもなる

②どんな仕事でも通用する普遍的なスキルを身に付けることにもなる
③汚れの原因について考えることで、根本原因を考える癖がつく
④朝イチで清掃をすると1日の準備運動にもなる
⑤清掃で体を動かすことで脳が活性化しアイデアが生まれやすくなる
⑥全員で清掃することでコミュニケーションが生まれやすくなる
⑦働く環境がキレイになることで職場にやる気が生まれる

海保はホワイトボードを見ながら「こんなにあるのね……」と呟き、すぐにメモを取っていった。

メモを書いているとエリカが「それ、書き終わったらお店の入り口に来て」と言って、姿を消した。海保はメモを書き終わると、慌てて入り口へ向かう。すると入り口にはキレイな段ボール箱が幾つか置かれていた。

「上条さん、これは……」海保が聞くと、エリカはニヤリとしてから「傘を穴の中に上から入れるだけで自動的にビニールが付く機械と、新しい足マットよ」と答えた。

「昨日の対策！」海保はそう言いながら段ボール箱に飛びついた。喜々としてアルバイトスタッフを呼び、すぐに開梱して設置していった。

「これでキレイな環境を維持できるわね」海保はそう言いながら満面の笑みを浮かべた。

その顔を見ながら、エリカが「じゃあ清掃担当者は海保さん、アナタね」と言った。

海保は親指を立てながら「任せといてちょうだい。しっかり皆に伝えていくわ」と笑顔のまま答えた。


すると、そこに同じフロアの松井愛奈が顔を出した。

「エリカさん、ちょっと相談なんですけど」

「あら松井さん、どうしたの？」

松井は弱々しい声で「責任者として各フロアに整頓をレクチャーしてるんですけど、どうしてもやってくれない人がいて……」とこぼした。

するとエリカはすかさず「２Ｆの小谷野《こやの》くんでしょ」と言う。

松井は「はい」と言いながら軽く頷いた。

「分かったわ」

そう言ってから、エリカは小さく舌打ちをした。

エリカの5S解説

● 根本原因を潰すことを習慣化させる

ただ単に清掃をするだけではなくて、**清掃活動で大事なのは汚れの元を見つけ出して対策をとることよ。**

これをやらないと、ただ労働力を使うことになって、いずれはロボットに置き換えられて終わり。そうではなくて、頭を使ってやるのが私たち人間のやるべき清掃よ。

そしてその活動を習慣化すること。

清掃は掛け声ばかりで続かない企業が多すぎるわ。一時的なものにするのではなく歯を磨くのと同じくらい習慣化すること。そうすれば多くのメリットを享受することができるのよ。

清潔

何か新しい
取り組みをしたところで
続きっこないんですよ。
そもそも仕事ってダルいものだし、
テキトーにやってりゃ
いいんじゃないすかね……

第4章

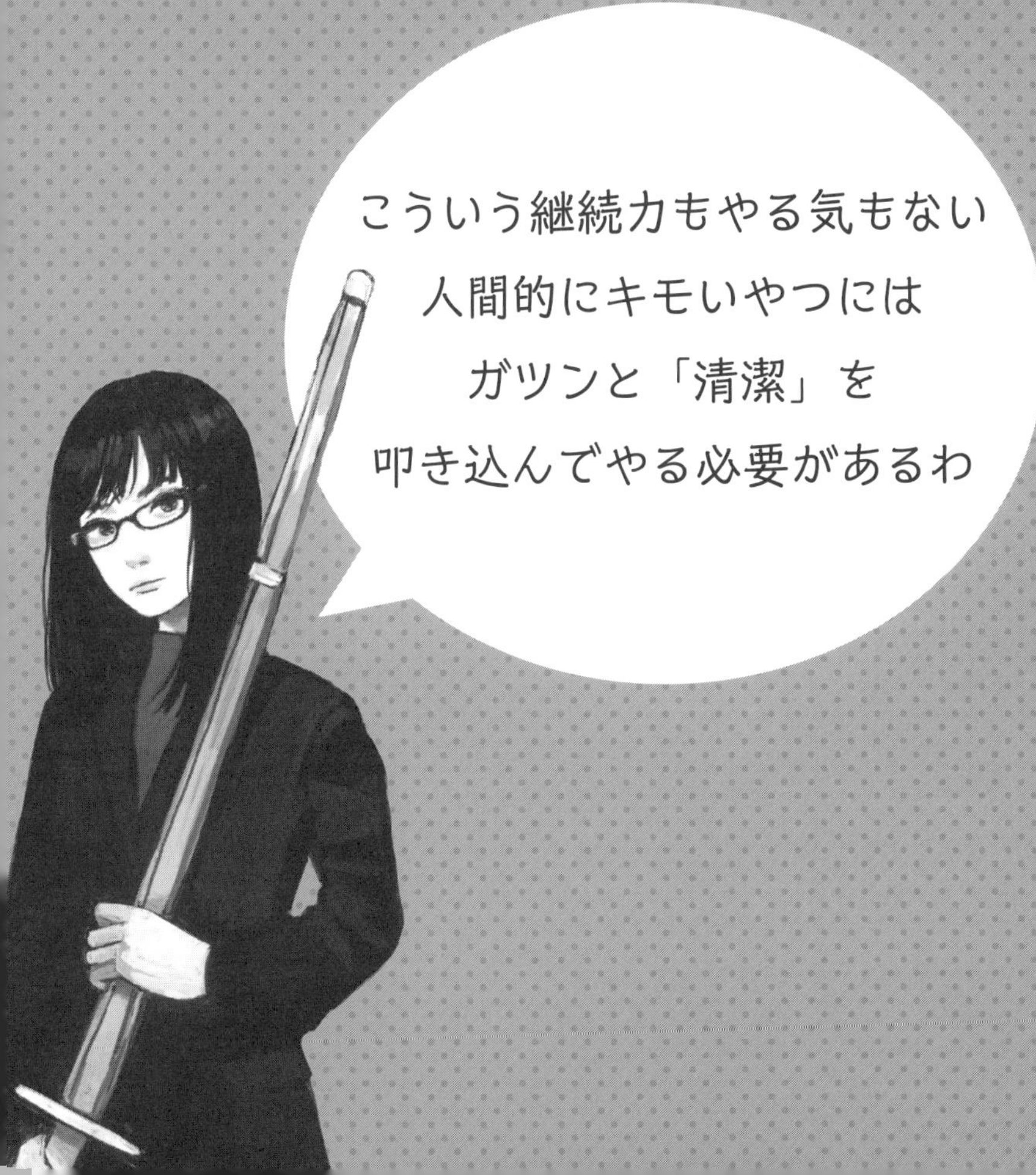
こういう継続力もやる気もない
人間的にキモいやつには
ガツンと「清潔」を
叩き込んでやる必要があるわ

1

清潔

「清潔」とは維持することである

「どうなっているんだ！」

スーツを着た男性が、手に1枚の紙を持ちながらレジの前で怒鳴り声をあげた。

「申し訳ございません」

どうやら検索機で在庫があると表示されていた書籍が実際の棚に存在しなかったようで、猛烈に頭に血が上ったようだった。

担当の小谷野剛《こやのつよし》は慣れた素振りで機械的に頭を下げながら、その場を凌いでいた。

「もう他の店に行くよ！」そう言って階段を下りる男性を見送ると、舌打ちをしてからバックヤードに向けて歩き出した。

すると、今度は勝手に棚下のストッカーを引き出して探している女性に遭遇してしまう。

「あ、あのー、お客様、こちら勝手に開けられるのは困ります」

見かねて思わず声を掛けると、女性はキッと小谷野を睨みつけ「在庫がないかどうか自分で調べたっていいじゃないの！」とヒステリックな声をあげた。

小谷野は再び謝罪を繰り返し何とかその場を丸く収めてから、バックヤードに戻ってきて大きなため息をついた。

「はぁ。なんなんだよ、まったく」

「なんなんだ、じゃないでしょ」

背後からエリカの冷たい声が小谷野の背中を刺した。

小谷野は振り返ると「ああ、上条さんですか。今度はオレが付きまとわれる番なんですか」と苦笑いを浮かべながら言い放つ。

「付きまとうですって？　アナタに用があるから来てるのよ」エリカは人差し指を前に掲げて小谷野に向けた。

「なんなんですか？　オレはアナタに何も用が無いんですけど」
「はあ？　用が無いじゃないわよ。整理整頓もできていない。清掃もできていない。なぜやらないのかしら」

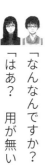

「やってましたよ。以前は。でも最近、ちょっと風邪気味でダルいんすよ。続けられなくて」

「清潔が足りない」

「え、オレそんなに不潔ですか？　お風呂は毎日入ってますけど」

「バカね。アナタは5Sの〝清潔〟が足りないってことよ」

「5Sの清潔？」

「5Sにおける清潔ってのは、まず維持することよ。整理した状態を維持すること。整頓活動を維持すること。清掃活動を維持すること」

「あーはいはい、維持できてないってことですよね」

「他にもあるけど、アナタの頭じゃ理解できないでしょうからこのぐらいにしておくわ。ビジネス書担当なのにビジネスの基本もわかってないのね」

「ぐっ……」

小谷野は唇を噛みしめたが、すぐに「フン」と言ってから反論する。「そもそも整理整頓とか清掃なんて続かないものなんじゃないですか？　ウチの店でも整理術の本をまとめ買いする客って多いですけど、要は片づけられない客なんです

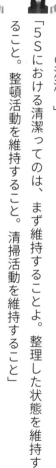

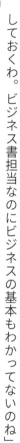

よね。だからいくら話を聞いたところで片づけができるようになるわけじゃなくって」

途中まで話したところでエリカが突然、小谷野の胸倉を掴んだ。

「〝客〟とか言ってんじゃないわよ。〝お客様〟でしょうが。アナタ、マジで竹刀で突いてやろうかしら」

その気迫に圧倒された小谷野は、言葉が出なくなってしまった。しかし、エリカは胸倉を掴んだまま容赦なく続ける。

「アナタ、誰からお給料もらっているか考えたことあるの？　毎日出勤してれば勝手にアナタの口座にお金が振り込まれるってわけじゃないのよ。お客様に本を買ってもらって初めて給料の元ができるの。分かる？　だから、アナタがやるべきことは、お客様にいかに本を買ってもらえるかを考えること。そして自分でできることを精一杯やることなのよ！」

エリカは掴んでいた胸倉から手を放し、小谷野の全身を見渡してから言葉を吐き捨てる。

「清潔を理解していないアナタみたいなやつはキモいのよ」

そう言ってすぐに、その場を立ち去って行った。

エリカに吐き捨てられた言葉が耳の中で響いている。

小谷野は1人残ったバックヤードで考えていた。辺りを見渡してみると、モノが散らかっていて、汚れている。

自分は毎日運ばれてくる本を単にひたすら並べるのが仕事だと思っていた。本は好きだったけれど、本屋の仕事は思っていたものと違った。線の細い自分にとっては重労働だった。ただ、この辛さを仕方なく耐えるからこそ、お金がもらえるのだと思っていた。それが仕事というものだと思っていた。

しかし、エリカの言葉によって自分が間違っている気がしてきた。

ただ、何をしていいのか分からない。とりあえず、この汚い空間を何とかしなければいけないという思いだけが残った。


翌朝。何ごともなかったようにエリカは小谷野に対して捲し立てる。

「おはよう。昨日私が言った意味、分かったかしら。アナタには仕事をして欲しいんだけど、まずは整理整頓や清掃よね。もう既に皆から教わっているはずだけど、それを維持していくつもりはあるのかしら？」

小谷野は目を逸らしながらも「あ、はい。やる気はあるんです。でも、やらなきゃいけないとは思いつつも続かなくて……」と答えた。

「例えば、清掃にしても〝やらなければいけない〟と考えるから続かないのよ」

「え？　じゃあどう考えたらいいんですか」

「〝汚さない〟って考えなさい」

「汚さない？」

「そう、やらないといけないという義務感でネガティブに仕事をしても上手くいかないわ。何をやってもね。そうではなくて、『気をつけよう』と前向きに考えていれば清掃は継続できるわ」

「考え方を変えるってことか」

「それと、使ったら必ず元に戻しなさい」

「え？」

「アナタの動きを見ていると、使ったものをすぐに戻さないのがネックだわ」

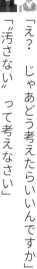

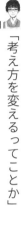

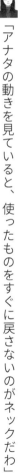

「ああ、言われてみればそうかも……」

「戻さないから散らかっていく。散らかっていくと片づけるのが面倒になる。その積み重ねでどんどん汚くなっていくのよ」

「はい、すぐ戻すようにします。それにしても、整理整頓とか清掃とか、なんか重い腰を上げる感じがするんですよね、どうしても」

「整理整頓や清掃なんて、突き詰めれば10秒でできることばかりよ」

「10秒で?」

「そう。そういう項目をリストアップしておいて、少し時間が空いた時にその中でできることを探してみればいいの」

「え、例えばどんな項目ですか?」

「テーブルを拭く、窓をあけて換気する、トイレットペーパーを三角に折る、ゴミを拾う、って他にも幾らでもあるじゃない。自分で考えてリストアップしておきなさい」

「10秒でできることのリストアップ、ですか。なんだかできそうな気がしてきました」と言ってから、小谷野はフロアに出て行った。

エリカの5S解説

● 整理・整頓・清掃を維持する

今まで教えた整理整頓や清掃も、一時的に取り組んだとしても続かないようでは全く意味が無いわ。清潔では、これらがいかに維持できるかを考えていくのよ。そのためには、「やらないといけない」なんていう義務感で仕事に向き合っていてはダメよ。どうしたらいいかを常に頭で考えていかなきゃ。

整理整頓や清掃に限らず、どんな仕事であっても分解すれば10秒でできるようなことの集合体よ。目の前の動きの積み重ねなの。10秒でできることを常に意識して周囲を見渡してみるといいわ。

次のページに「10秒でできることリスト」を紹介しているわ。参考にしなさい。

10秒でできることリスト一覧

□身の回りの埃を拭き取る
□もらった名刺をスキャンする
□ゴミを拾う
□資料をクリアファイルにまとめる
□ラベルシールを貼る
□書類ファイルにタイトルを入れる
□用済みの書類を捨てる
□使った備品を元に戻す
□PCのディスプレイを拭く
□PC上の要らないファイルを消す
□書類ファイルの向きを揃える
□キーボードを拭いておく
□机上の配置を整える
□机の上に空きスペースを確保する
□要らないメールを削除する

……など

2
清潔

身だしなみは「お店の顔」「会社の顔」

その日の夜、シフトの終わる時間が迫って片づけをしている小谷野に、エリカが声を掛けた。

「そうそう、アナタにもう1つ言っておくことがあるわ」

小谷野は運んでいた本をテーブルに置き、腰に手を当てて返してくる。「え、まだあるんですか？」

エリカは上から下まで小谷野を舐めまわすように眺めた後、ポツリと漏らした。

「身なりが汚い」

「は？」小谷野は目を丸くしながら高い声を発した。

「アナタ、ずっと身なりが汚いのよ」
「でも、書店ってそもそも重労働ですから、いちいち身なりに気を遣うものじゃ

ないと思うんですけど」

「別にオシャレな服を着こなしなさいって言ってるわけじゃないわ。最低限の身だしなみは理解しないといけないのよ」

「最低限の身だしなみ……」

「5Sの清潔には〝身なりを整える〟という意味も含まれるのよ」

「身なりを整える、ですか」

「そうよ。人間の第一印象というのは潜在化して評価されてしまうのよ」

「……えっと、どういうことですか？」

「お客様は店員の身だしなみも見ていて、それによって安心感を抱いたり好印象を抱いたりするの。そして、第一印象というのは潜在化するもの。わざわざ口に出して『わあ、この人、身だしなみが悪いなあ』なんて言わないけれど、潜在的に悪いイメージを持ってしまったりするものなの。そして、それがお店の善し悪しを決めることに繋がるのよ」

「身だしなみでお店の善し悪しが判断されちゃうんですか……」

「そう。だから、極端に言えばアナタの身なりが悪いことで『あのお店は何だか汚らしいし、行くのが嫌だからネットで買うか』ということにも繋がりかねないってことよ」

「いやでも、それって極端じゃないですかね？」

「じゃあアナタ、レストランに入って泥まみれの店員さんが注文を取りに来たらどう思うかしら」

「そ、それは、さすがに嫌ですけど……」

「そうでしょ？　それに、『あんな汚れた服で本を取り扱っているのか』と思われると、お店に置いてある商品も汚く見えてしまうのよ」

「まあ、確かに……」

「身だしなみは『お店の顔』や『会社の顔』と同じよ。アナタの身だしなみが悪ければ、このお店の顔は汚いまま。お客様を不快にさせるわ。だから、身だしなみを整えるということは、お客様に安心感を与える大事な仕事なのよ。これもビジネスの基本中の基本。またアナタには難しすぎたかしら？」

小谷野は強く唇を噛みしめてから、黙り込んだまま入り口の鏡が置いてある場所まで歩いて行った。自分の姿を見直してみると、エプロンはところどころが黒く汚れている。その下のシャツはシワだらけ。さらにズボンにインしていたはず

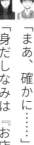

が、裾が全て飛び出てしまっている。チノパンの膝から下の部分も、やたら黒ずんでいる。お世辞にも、キレイとは言えなかった。

「身だしなみは『お店の顔』か……」と言葉を漏らしてから、片づけを再開していった。

「お先に失礼します」小谷野は業務を終えて家に帰る途中、弁当を買おうとコンビニに入っていく。カゴを手に取ると、ふと、レジにいる店員に目がいった。

金髪の頭をボリボリ掻きむしりながら、退屈そうに天井を見つめている店員。制服の下に着ているシャツも、裾が全てズボンの外に飛び出していた。

小谷野はすぐカゴを置いて、店を出てしまった。そして、家とは違う方角に向かって歩き出した。

小谷野が行ったのは、閉店間際のアパレルショップだった。

翌朝、エリカは小谷野の姿を見てすぐに気がついた。

「あら、新しい服を買ったのね」

「あ、分かりますか？　昨日、服屋さんに行って、店員さんに相談しながら買ってみました。安い服ですけどね」

エリカは腕を組んだまま小谷野のまわりをぐるりと1周歩く。マジマジと小谷野の服装を眺めながら「まあまあ似合うじゃない」と言った。真新しいシャツとチノパンに身を包んだ小谷野は「ありがとうございます」と言いながら、頬を赤らめた。照れていることを悟られないように、すぐにまた口を開く。「でも、選ぶ時にエプロン前提で服の色を考えてしまいました。これは書店員の性《さが》ですかね」そう言いながら、自虐的に笑った。

続けて、「まあ、お店の顔が汚れていなければいいんですけど」と小さく呟いたのを、エリカは聞き逃していなかった。

「身だしなみには他にも効果があるわ。キレイな服を着ることの良さは、気持ちもキレイになることよ」

「気持ちもキレイに……」

「そう、服装1つでやる気が出たり、気持ちが切り替わることって誰しも体験したことがあるはずなのよ。疲れていても、仕事用のスーツを着た途端に背筋が伸びて、一気に気持ちが仕事モードになったり。寝るときにパジャマを着たら気持ち的にもリラックスモードに入ったり。高級な服を着た途端に、ドヤ顔で堂々とした歩き方になったり」

「あー、なんか分かる気がします。今朝からちょっと気分がスッキリしていますから」

「そうでしょう。服装1つで気分というのは大きく変わるものなの。気分が変われば仕事にも影響が出る。汚れた服装で仕事をしていると、〝その服装なりの仕事〟になるのよ。汚いカッコで一流の仕事をこなす人なんて見たことが無いわ」

「そういうものなんですね」

「服装なりの行動になる、といえば『スタンフォード監獄実験』って知ってるでしょ？」

「え、なんですか、それ？」

「ったく、ビジネス書担当なのにそんなことも知らないの？　学生を使った

有名な実験なんだけど、学生を二手に分けて、片方が看守役で、もう片方が囚人役になるの」

「看守と囚人、ですか」

「どちらも学生で、看守をやったことも囚人になったこともない人たちなんだけど、それぞれに肩書きと服装を与えて演じさせたのよ」

「へえ。壮大な〝ごっこ遊び〟ですね」

「初めのうちは両方とも指示されたように行動する程度だったけど、段々と自発的にそれぞれの役割が持つ行動をとるようになっていって、しまいには歯止めが利かなくなったのよ。看守役が囚人役に対してものすごく凶暴になって」

「怖い話ですね、それ」

「そして実験は途中で中断。それくらいその役にふさわしい人物像になっていたの。まあ、服装1つで気分や行動が左右されてしまうほど、人間は単純にできているということね。それだけ人間は思い込みの強い動物でもあるというわけ」

「思い込みかぁ。身だしなみを整えると良い思い込みに繋がるってことですね」

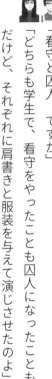

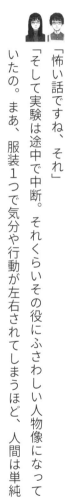

「そうよ。良い思い込みをするためにも、着ている服が汚れたらすぐに着替えなさい。そうして常にキレイにすることを心がけるといいわ」

小谷野は頷いてから、鏡の前に立って自分の姿をあらためて確認した。頬はもう赤くなっていなかった。

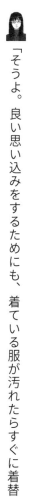

エリカの5S解説

●整った身だしなみは安心感を与える

清潔には〝身なりを整える〟という意味も含まれるわ。小谷野くんにも言ったけど、**お客様は店員の身だしなみも見て安心感を抱いたり好印象を抱いたりするの。**これは心理学の世界で「**初頭効果**」と呼ばれているけど、出会い頭の1秒から6秒で人は相手の印象を決めてしまうのよ。そして、その印象は長く持ち続けられてしまうから、最初の印象はとても大事。

薄汚い恰好をして仕事をするなんて、アナタだけじゃなく会社のイメージも下げてしまうことになるから、清潔を保たないとダメよ。

3

清潔

体調管理は身に付けるべき「能力」である

数日が経つと、小谷野の動きは少しずつ変わってきていた。

新しい服に身を包むようになったせいなのか動きも軽快になり、整理整頓や清掃も少しの空き時間にできるようになってきた。しかし、順調に進むことばかりではなかった。

「申し訳ありません！」２Ｆのレジで謝罪の声が響く。スーツ姿の男性が小谷野に向かって「〝前株〟ってのは株式会社を前に付けろってことだよ。なんで宛名を『まえかぶ様』にするのかな。俺はそんな名前じゃないんだけど」と言っている。どうやら領収書の宛名を間違えてしまったようだ。小谷野は頭を下げ、すぐに新しい領収書を用意した。小谷野は完全に集中力を切らしていた。

ガックリと肩を落としながらバックヤードに入って来るなり、エリカが話しかける。「アナタ、今みたいなミスが多いわよね。これまでに何度もやっているでしょ」

椅子に座った小谷野は「仕事中にどうしても力が入らないことが多いんですよ。あと、ちょっとしたことでカッとなったりもしてしまうし」と嘆いた。

「そういえば昨日も何度か大声で怒っていたわよね」

「ああ、主婦の人が自費出版の持ち込みで来たんですよ。『詩集を作ったのでこれをどこかに置いてもらえませんか？』って。忙しかったし『はあ？』って返事しちゃいました」

「いやいや、スーツの男性にも怒鳴ってたじゃない」

「スーツ……ああ、新刊の品出しの時に版元の営業さんが来たんですよ。営業さんって超忙しい時に限ってよく来るんですよね。営業に来たのか営業妨害に来たのか分からないな、と思ってつい『なんですか?!』って、カッとなって」

「そういえばこの間、ちょっと風邪気味だとか言ってたわよね」

「ええ、実は慢性的に風邪をひいているんですよね。なかなか治らなくて」

「フン」

「鼻で笑わないでくださいよ。ちょっとは心配してくれてもいいのに。気分悪いなあ」

「アナタ、どこが剛《つよし》なのよ。全然名前と合ってないじゃない」

「風邪なんだから仕方ないじゃないですか！　なんなんですか、人の名前まで否定してくるなんて。いくら上条さんでも酷過ぎますよ！」

小谷野は声を大きくしたと思ったら、そのままバックヤードを出ていってしまった。エリカは小さく舌打ちをして後を追っていった。

ちょうど昼を過ぎていたこともあって、小谷野はコンビニに寄ってから近くの公園に入っていった。ベンチに腰かけて、袋から弁当を取りだす。小さな「のり弁」の蓋を開けると、ゆっくりと食べ始めた。

すると、目の前に腕を組んだエリカがあらわれた。

「まだ話は終わってないんだけど」

小谷野は眉間に皺を寄せて「休憩時間までなんなんですか」と、口をモゴモゴさせながら返す。

エリカは人差し指を小谷野に向け、「やっぱりアナタには『清潔』が足りない」と言葉を投げた。

「いやいや、服装だってキレイになったじゃないですか」

「清潔には、〝衛生管理を徹底して体調を整える〟ことも含まれるのよ」

「衛生管理、って何だか大げさですね」

「大げさなんかじゃないわ。例えばアナタが今食べているお弁当。これを作った工場の従業員が皆風邪気味だとしたらどう思う？」

「ちょっと、変なこと言わないでくださいよ。食欲なくなるじゃないですか」

「変なこと？ そう思うってことは、お弁当を作る工場の人には風邪をひいて欲しくないってことよね」

「そりゃ誰だってそうでしょ」

「じゃあ書店員のアナタは風邪をひいても許されるわけ？ なぜ書店員なら許されるの？ 説明してごらんなさいよ」

「うぐ……」

「食品を扱っているわけじゃないから良い、とかそういう問題でも無いわよね。

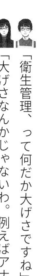

ウダウダといつまでも風邪なんかひいてるんじゃないわよ」

「すいません。寝不足が原因だってのは大体分かっているんですけど」

「社会人にもなって体調管理の重要性に気づいていないなんてクソよ」

「クソって……」

「体調管理は、能力が試されるものでもあるの。意志の強さも必要だし、自己分析能力も求められる。そして客観的な視線も持っていなければならない。情報収集能力や情報を整理する能力も重要よ」

「そ、そう言われると体調管理って確かに重要な仕事だって気もしてきますね」

「清潔さが保たれていない人は体調を崩しやすいし、病気になることもあるでしょう。意識的に清潔さを保たなければ、カビやホコリなどによって身体を壊してしまうことは珍しくないわ。それから、うがいや手洗いはもちろん、睡眠はしっかりとること。体調が悪くなりそうだと思ったら早めに帰って寝ること。そうやってベストな状態を維持しているからこそ、仕事で十分な力を発揮して結果を出すことができるのよ」

「はい、仰る通りです。何も言えないです」

「体調管理を怠れば、誰かに迷惑を掛けることにもなるでしょう。そうやっ

て足を引っ張るのも組織にとってはマイナスだわ。ちょっとは清潔の重要性が分かったかしら」

「ええ、もうお腹いっぱいです……」

そして2週間が経った。

小谷野は手洗い・うがいの徹底と、早寝早起きを意識していた。慢性的にひいていた風邪も、少し和らいできているようだった。以前よりも集中力が高く、ミスも減ってきていたからだ。

今までに感じたことのない高さのモチベーションを感じながら、小谷野は動き回るようになった。

しかし、動きが良くなったと思ったのも束の間だった。

今までに持ったことのない大きさの段ボールを持ち上げた瞬間、腰の辺りからグキッという鈍い音がした。

「はうっ！！！」

小谷野の叫び声が2Fのバックヤードに響き渡る。小谷野はそのまま相撲の立ち合いのような姿勢で四つん這いのまま固まってしまった。

通りかかったアルバイトスタッフが書籍運搬用の台車をガラガラと持ってきて、小谷野は四つん這いの状態で乗せられた。そして、そのままエレベーターまで運ばれていき、1Fのバックヤード奥にあるソファーで横にさせられたのだ。

腰を悪くするスタッフが多いせいなのか、周囲の対応も鮮やかなほど迅速だった。


ソファーに横たわる小谷野のそばに、エリカがやってきた。

「風邪が良くなってきたかと思ったら、腰をやったのね。まったく、いつまで名前に負けてんのよ、アナタは」

小谷野は痛そうな顔をしながら「ちょっと張り切っちゃいましたね」と言って苦笑いをする。

エリカは髪をかきあげてから「アナタは普段から姿勢が良くないわ。私がやっている剣道では姿勢をものすごく重要視しているのよ」と言ってくる。

「姿勢ですか。あまり意識したことないかも」

「書店員の場合、重いものを持つから腹筋や背筋を鍛えるのも大事。ただ、モノを持つときの姿勢も意識しないといけないわ」

「モノを持つときって、どんな姿勢がいいんですか?」

「重いものを持たないといけないときは、とにかく中腰にならないことよ」

「中腰にならない。ああ、そういえば働き始めた頃に誰かにアドバイスされたような」

「腰を中途半端に曲げないために、膝をしっかり曲げて一度しゃがみこみ、体全体を使って持ち上げるのよ。そして、そのときはできるだけ持ち上げるものに体を近づけて、それをお腹に抱えるようにして足の力で立ち上がるのが正しい姿勢」

エリカは説明をしながら、実際に腰を曲げてしゃがみこんで、荷物を持ち上げる仕草をする。エリカのスラッとした長い足が目に飛び込んできて、小谷野は思わず唾を飲みこんだ。そんなことにはお構いなしに、エリカは説明を続ける。

「あと、運んでいる最中は、荷物を体から離さないことが大切ね。体に密着させて運べば、うっかり中腰になるのを防げるから」

小谷野は、「上条さんって何でも知ってるんですね」と横たわりながら口にした。頬は少し、赤らんでいた。

エリカは「フン」と言ってから踵を返し、2Fに戻っていった。

エリカの5S解説

●自分の体調管理には敏感に

自分の身なりを整えるだけでなく、体調を整えるというのも同じく重要だわ。

この国には自分の体調管理を仕事の1つとして捉えているビジネスパーソンが少なすぎるの。体調管理には意志の強さや、自己分析、客観的な視点など能力が試されるものなのよ。

だから、**自身の管理のせいで体調を崩して休んでばかりの人は、自分の無能さを少しは嘆きなさいよ。**

優秀な経営者はもれなく自身の健康管理に敏感になっているものよ。少しは見習ったほうがいいわね。

4 清潔

清潔は、「見える化」と「見せる化」も重要だ

しばらくすると、小谷野が腰を痛めてしまうようなことも減っていった。風呂上がりにストレッチをするようになり、ギックリ腰対策にもぬかりが無いようだった。体調も安定してきた小谷野の周辺は、だいぶキレイに整ってきた。しかし、それでもまだ汚れているところがあることを、エリカは見逃していなかった。

「アナタ、ここ汚れているの分かる？」エリカはレジの前の荷物置き場を指さして小谷野に問いかける。レジの前にはお客様が荷物を置けるように小さな荷物置きスペースが設けられている。グレーのテーブルを見ながら、小谷野は「え、そこ汚れてます？」と返した。咄嗟に台拭き用のタオルを手に取って、エリカの指すテーブルを拭いてみると、黒い汚れが付いた。

「うわあ……、汚れてますね」言いながら小谷野は目を細めた。

エリカはテーブルを指さしたまま続ける。「このテーブルの色は埃や汚れが目立たないわ。そうすると汚れを見落とすことになる。お客様が荷物を置いたり、子供が手を置いたりすると汚れが移ってしまうわよね。どう思われるかしら」

「これはマズいですね。清掃の頻度を上げないと」

「清掃の頻度を上げるのもそうなんだけど、それ以前に見せる化をしないとダメね。清潔っていうのは見せる化の取り組みでもあるのよ」

「見せる化？」

「汚れを分かりやすくするために、この荷物置き場の色を変えるのよ。そうすれば、少し汚れただけですぐに分かるから対応できるわ」

「でも、汚れを分かりやすくすると、汚れた時に目立っちゃいますね」

「そうね。でも、分かりやすくすることで『汚したくない』と思う気持ちが醸成されていくの」

「確かに、白い服とか着ると『汚したくない』って意識が強くなりますもんね」

「そうすると、常にキレイな状態を維持しようとする心が職場で育っていく

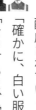

のよ」

「なるほど、奥が深いんですね。清潔って」

「それから、見える化も大事ね」

「見せる化の次は見える化、ですか」

「見える化というのは『正しい状態を一目で分かるようにする』ことね」

「正しい状態を分かるようにする……」

「例えば、どのスイッチがどの機械のものなのか、どのスイッチがどの照明のものなのか、とか迷うことって無い？」

「あ、ありますね。この2Fのフロアの照明も、よくアルバイトの子が間違えて消しちゃいます。停電かと思っちゃうんですよね」

「そういった普段触れるものを迷わないように識別しやすくする、というのも清潔の活動になるのよ」

「見せる化と見える化ですかあ」小谷野は頷きながらそう言って、小さなメモ帳を取り出して何かを書き込んでいった。その様子を見ながらエリカが口角を持ち上げていると、メモを書き終えた小谷野に向かってアルバイトの男の子が駆け寄

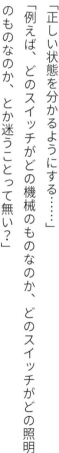

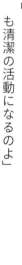

ってくる。

「小谷野さん、すいません。トイレに閉じこもって出てこないお客様がいるんですけど」

「はあ？」小谷野は裏返った声を発した。

「いや、男子トイレの個室がずっと閉まったままで、もう3時間ぐらい経ってるんですよ」アルバイトの男の子は、困り果てた顔をしている。ただでさえ小さいトイレなので、お客様からもクレームが来ているようだ。

「本屋ってトイレに行きたくなるお客様も多いものね」

「え、なんでですか？」

「新しい本の匂いをかぐとトイレに行きたくなるのを『青木まりこ現象』って呼んだりもするじゃない」

「誰ですか、その女」

「はあ？　アナタ、書店員のくせにそんなことも知らないの？」

「すいません。それにしても、男子トイレの個室に閉じこもりかぁ。おそらく本を持ち込んで読みまくっているだけだと思うんですけどね」

「いやいや、本を持ち込んだらダメでしょ。万引きしてても分からないんだし。それに、他のお客様もトイレに並ぶんだし、完全にアウトよね」

「じゃあちょっと行ってみます。あ、上条さんも一緒に来てくださいよ」

「何言ってんのよ、私は女性よ。アナタ喧嘩売ってんの？」

小谷野は慌てて「違います違います」と言ってから、「あ、そうだ。大丈夫です。来てください」と言ってエリカを引き連れてトイレに向かった。中に他のお客様がいないことを確認してから、入り口脇にある棚から看板を取りだして男子トイレの入り口に立てかける。そこには『清掃中です』という文字が書かれていた。

「『見える化』でしたよね」小谷野はそう言って、エリカに笑顔を向けた。エリカは「フン」と息を漏らして渋々ながら小谷野についていく。

言われた通り1つしかない個室の扉が閉まっていた。ここにずっと閉じこもっているようだ。

小谷野がコンコンとノックをするが反応が無い。

間をおいてからエリカが「すみません、清掃の時間なので出ていただけますか」と呼びかけてみるが、やはり反応が無い。

少し考えた後、小谷野がエリカにウインクをしてから「困りましたね、警官を呼びましょうか」と言った。

エリカも咄嗟に「そうね。小谷野くん、じゃあ警察に電話」と言い、小谷野も「はい」と返事をした。

すると、途端にガチャガチャと音がして鍵が開いた。

厚めのビジネス書を手にした初老の男性が「す、すいません。なかなか出なくて。いや、もう出ます出ます」と言いながらそそくさと店内に戻っていった。

「やっぱり本を持っていたわね」

「ですね。トイレで読書とかホント困るよなあ」小谷野が腕を組みながら答えた。

エリカは出口に向かいながら「何か対策をしないとマズイでしょ、これは」と言う。すると、看板を片づけながら小谷野が「それにしてもいい連携でしたよね。オレたち、いいカップルになれるかも知れませんよ」と嬉しそうに口を動かした。

エリカは聞いていないフリをして歩いて行った。

小谷野が小走りで後を追い、「上条さん、そういえば彼氏とかいないんですか？」と質問した。エリカは振り返ると「そんなもん興味ないわよ。うるっさいわね」と声を荒げる。小谷野は一歩も引かずに「じゃあ、オレにもチャンスがあるってことですよね？」と目を大きくする。するとエリカは再び前を向いて歩き出しながら、「一生無いわよ。バーカ」と言って去っていった。

翌週、小谷野は1枚のポスターを作っていた。

本を持った手が描かれた絵に、大きく×印が書いてある。その下に「本の持ち込みはご遠慮ください。万引きになる恐れがあります」と書いてあった。

トイレの入り口に貼りつけようとするそのポスターを、エリカが見つめている。

「これも見える化ですよね」と投げかけた小谷野に、エリカは腕を組んだまま

「まあ、悪くないわね」と返した。

ポスターを貼り終えた小谷野に、エリカが話し始める。「小谷野くん、『清潔』の責任者だけど、アナタにやってもらうわ。今まで教えたことを皆に広めていっ

てちょうだい」

小谷野は笑顔になりながら「分かりました。じゃあ明日の朝に全体朝礼がありますから、まずそこでガツンとやっちゃっていいですか？」と言った。

エリカは「あら、いいじゃない」と言うと、笑顔になった。

そして翌朝。

朝礼で様々な確認事項が共有された後に、エリカが声を上げた。

「皆に現在取り組んでいただいている5S活動ですが、『清潔』について小谷野くんから連絡事項があります。よく聞いてください」

その場にいた皆が小谷野に注目すると、小谷野はゆっくりと話し始めた。

「皆、日々5Sに取り組んでいると思いますが、本日より僕から各フロアへ『清潔』をレクチャーしていきますのでよろしくお願いします。清潔というのは、整理・整頓・清掃の3つの状態を〝保つ〟という意味もあるんです。整理・整頓・清掃がルールに則って行われているのに対して、清潔では瞬間的な反応が求められます。使ったものをすぐに元に戻せていますか？　汚した場所をすぐにキレイにできていますか？　そこまでしっかりできることが清潔では求められます。それだけでなく、自らを整えることも求められます。そしてそれらは〝お客様〟のためでもあります。これからじっくりと教えていきますので、一緒に頑張りましょう」

話し終えると、周囲からは自然と拍手が起きた。小谷野のスピーチは完璧だった。

しかし、エリカはニコリともしなかった。ただ1人、話をちゃんと聞いていない人間がいることを見逃さなかったからだ。

そして、それが店長だったからだ。

「清潔」で意識しておく4つのこと

清潔

①これまでの3つのSを維持する

②身なりを整え印象を意識する

③体調を整えてパフォーマンスを保つ

④見える化見せる化で正しい状態を保つ

エリカの5S解説

●見える化と見せる化も意識する

単純に汚れたからキレイにするだけでなく、**汚れを目立たせるために色を変えてみる「見せる化」も考えてみなさい。**あえて分かりやすくすることで『汚したくない』と思う気持ちが醸成されていって清掃への意識も高まっていくはずよ。それから、**正しい状態を一目で分かるようにする「見える化」もあらゆるところで使える考え方ね。**

整理整頓する、とか清掃してキレイにする、だけでなく、こういったことまで考えることも「清潔」の1つなのよ。

躾

毎日やることは一杯だし、
本部にはゴチャゴチャ言われるし
社員からは頼りないだとか
声が小さいだとか言われるし、
店長ってホント
大変なんですよ……

第5章

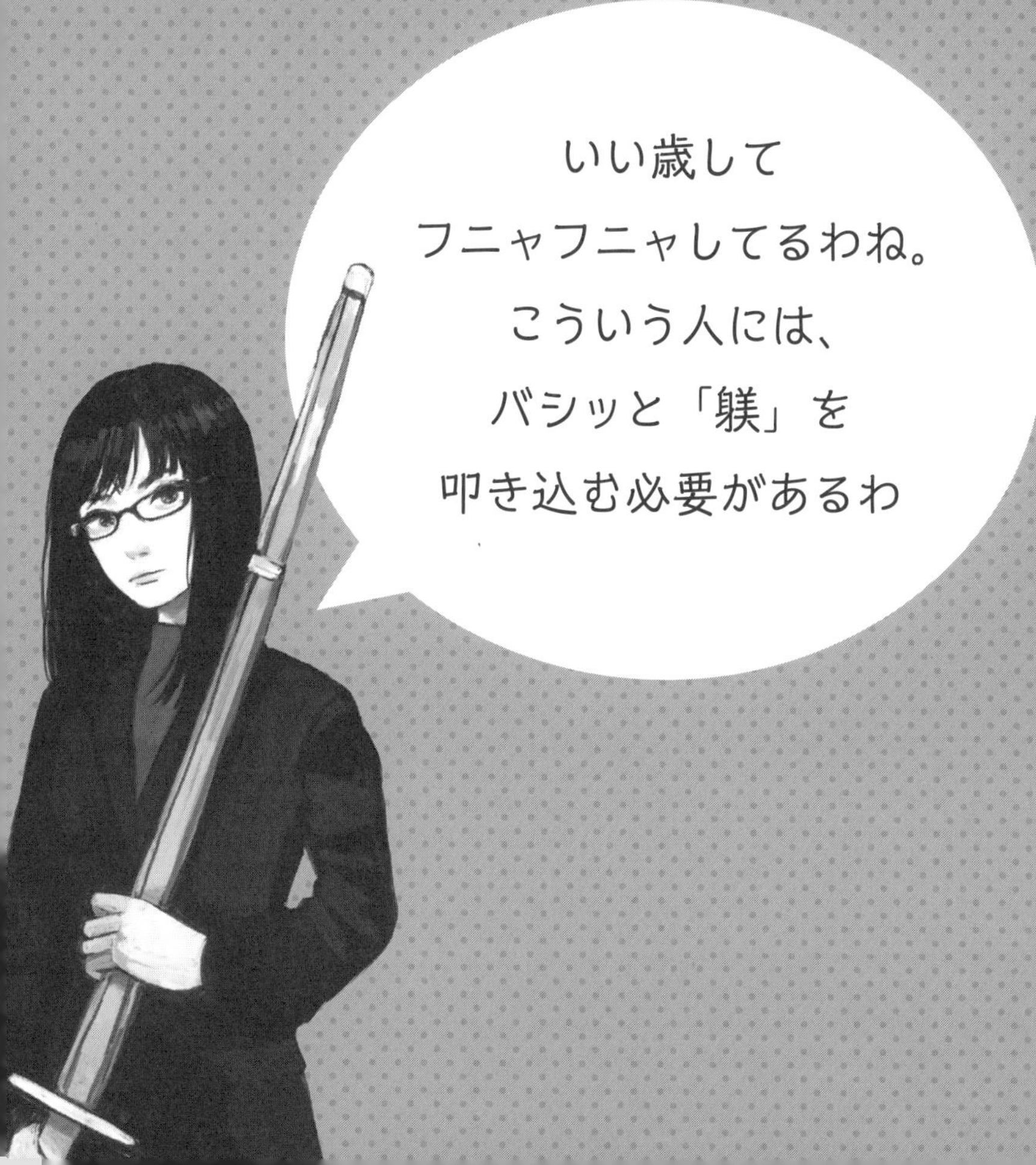
いい歳して
フニャフニャしてるわね。
こういう人には、
バシッと「躾」を
叩き込む必要があるわ

躾 1

礼儀もできていないのにビジネスを語るな

エリカの足は呉越書店の４Ｆに向かっていた。３Ｆに着くと、目の前には「これより先、従業員エリア」と書かれたキレイな看板が立っている。キレイに磨かれた看板と床を一瞥しながら、階段を上がっていく。４Ｆに着いてすぐ、目の前のドアをコンコンとノックすると、少ししてから「はーい」という太い声が聞こえてきた。店長の三浦和正だ。ドアを開けてひょっこりと出してきた顔には、相変わらず全体的に肉がついている。ただ、白いシャツとエプロンはキレイな状態になっていた。机の周りも割と整っているようだ。

エリカは周囲を見回した後、三浦に話しかける。「三浦店長。アナタに話があるんだけど」

三浦は「中へどうぞ」と言ってエリカを招き入れる。エリカは入りながら、

「小谷野くんの話、聞いてたの？」と聞いた。

三浦はドアを閉めながら、答えを返す。「小谷野の話？　ああ、朝礼の時ですよね。聞いてましたよ」

「そう？　どうにも人の話を聞くような姿勢じゃなかったけど」

「ああ、よく言われるんです。お客様からも言われるなあ。『私の話聞いてますか？』って」

「ダメじゃない、それ。５Ｓの最後の『躾』はアナタに徹底的に叩き込む必要があるわね」

「躾？　私に？　……私、一応店長なんですけど」

「店長だからこそ躾が必要なのよ」

「え……、具体的には何をすればいいんでしょうか」

「まず問題なのは、私このお店のスタッフたちからロクに挨拶をされたことがないのよ」

「え、そうなんですか？」

「そのぐらい普段から少しは気にしなさいよ。お客様に対してだってそうよ。

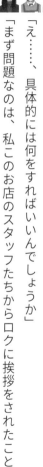

元気に挨拶している人がほとんどいないじゃない」

「まあ、言われてみれば確かに……」

「躾というのはまず礼儀作法を身に付けさせることでもあるわ。礼儀作法でも基本中の基本は、『挨拶』が当たり前にできること」

「なんだか新人研修みたいですね」

「新人が覚えるようなことをアナタたちはできていないってことよ」

「……はい、すいません」

「剣道だって礼にはじまり礼に終わる。そして大きな声を腹から出す。元気な挨拶は何ごとにおいても基本なのよ」

「でも、どうすれば」

「まずはアナタから積極的に挨拶していきなさい。挨拶をされれば誰でも返す。さらに元気に挨拶されれば元気をもらった気分になって誰でも気持ちがいいものよ。職場の活性化にも繋がっていくわ」

「はあ」

私のやる通りに繰り返してみなさい、といってからエリカは鋭い声で「いらっしゃいませ！」と発した。従業員エリアにエリカの声が響き渡る。

三浦は驚きながらも「い、いらっしゃいませ」と続ける。

「声が小さい！　もう1回！」

「いらっしゃいませ！」

「おはようございます！」

「おはようございます！」

「お疲れ様です！」

「お疲れ様です！」

大きな声での挨拶練習が何度か繰り返された後、エリカは腰に手をあてながら
「じゃあ、今やった感じでお客様やスタッフに接すること。私が常にチェックしてるから、手を抜くんじゃないわよ。手を抜いた瞬間、思いっきり竹刀で突くから」そう言ってエリカは、三浦に向けて突きのポーズを見せた。
三浦が肩を持ち上げて萎縮していると、デスクの電話が鳴った。すぐに受話器を持ち上げる。
「はいはい、呉越書店です」

どうやらお客様からの在庫の問い合わせのようだった。「え？　あ、ちょっと調べますね」と言ってから三浦は端末を操作して在庫を調べ、少し経ってから電話に戻った。

「あー、品切れみたいです。ごめんなさいね」そう言ってペコペコと頭を下げてから電話を切った。

三浦は端末に戻り、ブツブツと言い始める。「あーあ、これ昨日返本したばっかりだよ。返本したばかりの本で問い合わせを受けるって何だか悔しいなあ」

言いながら下唇を突き出していると、エリカが背後から声を掛けてくる。

「アナタ、挨拶だけじゃなくて電話対応もメチャクチャね」

「え？」だらしなく口を開けている三浦に、エリカは捲し立てるように続けた。

「お客様に『え？』なんて聞き返す店長なんか聞いたことがないわよ。何なの、その対応は。それに普段から歩き方もだらしないし、笑顔も汚い」

三浦はムッとしながら慌てて反論する。「笑顔が汚いって、散々な言われようですね。笑顔を見せない上条さんに笑顔のことを言われたくないけどもなぁ」

「なにか言った？」エリカが三浦をにらみつける。

「いえ別に」

エリカは腕を組んでからため息交じりに口を開いた。

「仕方ないわね。私の知り合いにいる接客・接遇のプロを呼ぶから、マンツーマンで学ぶといいわ」

「え、接客・接遇のプロ、ですか」

それから数日が経ったある日の朝、エリカが1人の女性を連れて4Fの従業員エリアにやってきた。

エリカよりも二回りほど年上ながら背格好は変わらないその女性は、エリカの少し後ろでピンと背筋を伸ばして立っていた。

「三浦店長、この間言った通り、接客・接遇のプロを呼んできたわ。ちょっといいかしら」

「ああ、はい。どうぞ」

「失礼いたします。うちのエリカがお世話になっております。エリカの母で

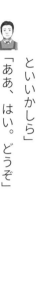

上条久美子《くみこ》と申します」

「え？　お母様？」

「そう、私の母よ。母はもともとローカル局のアナウンサー出身で、今はマナー講師をやってるの」

「この度は娘から依頼を受けて僭越ながらやってまいりました。どうぞよろしくお願いいたします」

「は、はあ」

「これから週に一度、三浦店長に対して接客・接遇のレッスンをしてもらうから。あ、北林社長からは許可をもらってるからね」

「そ、そうですか。それにしても……、お顔はなんとなく似てますけど、ものすごく丁寧というか、中身が似てないというか」

「何か言った？」

「いえ別に」

「これから学んでもらうのは電話対応や笑顔、所作の1つひとつよ。こういったことにも技術が要るの。そして、そういう技術の訓練も、『躾』の1つというわけ」

「まさに『躾』ですね」

「アナタみたいなウスラトンカチには厳しい躾が必要だから、母にビシビシやってもらうわ」

「またウスラトンカチって……（その口の悪さは躾としてどうなんだ、まったく……）」

エリカの母・久美子は、ニコニコしながら三浦店長とエリカのやり取りを見つめていた。

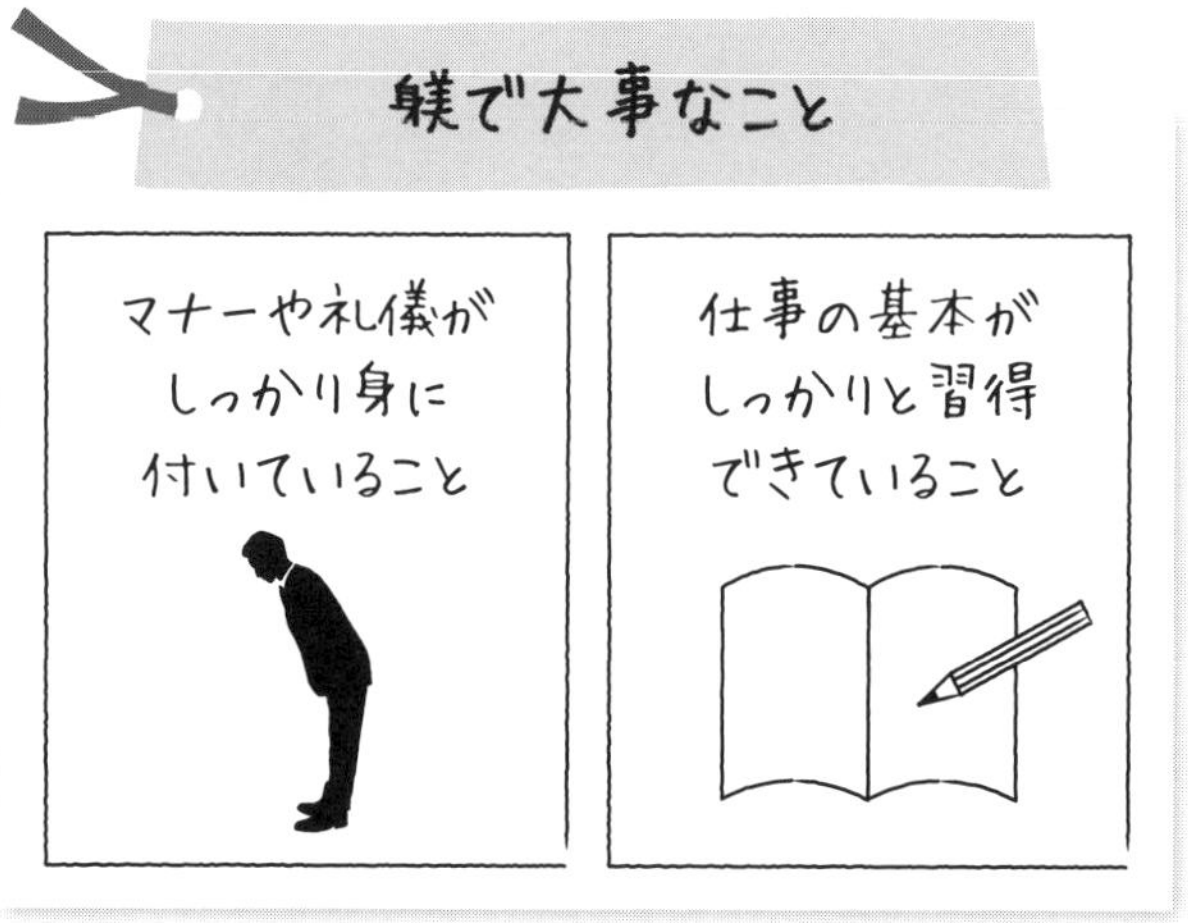
躾で大事なこと
マナーや礼儀がしっかり身に付いていること
仕事の基本がしっかりと習得できていること

エリカの5S解説

●最低限の躾を身に付けておく

三浦店長がそうだったように、まずは最低限の礼儀作法を身に付けなければお話にならないわ。基本中の基本である挨拶や電話での対応1つで相手の印象は大きく変わるの。特に挨拶は、されて嫌になる人なんていないから、積極的にやるべきよ。**業績が良くて勢いのある組織は漏れなく元気な挨拶が社内で行われているわ。**役職者だからって偉そうにしたり、能書きばかり垂れたりする前に、礼儀がしっかりしていれば周囲から信頼されるものなのよ。

躾 2

躾とは、心身が美しいことを指す

週に一度の接客・接遇レッスンがはじまって1ヶ月半ほどが経った頃。

４Ｆの従業員エリアで電話が鳴った。

「お電話ありがとうございます。呉越書店四ッ谷本店でございます」電話を取ったのは三浦店長だ。

「はい。そちらの書籍ですと、ただいま在庫を切らしておりますので、すぐにお取り寄せの手続きを取らせていただきます。お待たせして大変申し訳ありません」

在庫確認と取り寄せ対応の電話を切ってから、三浦が愚痴をこぼす。「同じ書籍に対して問い合わせが3回も続いたなあ。これ、テレビか何かで取り上げられたんじゃないかな」

ブツブツ言っていると、背後からエリカが声を掛けてきた。

「電話対応、だいぶ良くなってきたみたいね」

「ああ、上条さん。良くなりました？　だとするとお母様のお陰ですね」三浦は照れくさそうに頭を掻きながら答えた。

しかし、喜ぶのも束の間。エリカは冷たい声で続けてくる。「調子に乗るのはまだ早いわよ。さっき全フロアを見て回ったけど、これまで教えてきた４つのＳが継続できていないわ」

「え、そうですか……」三浦は頼りない声を出した。

「どうしても時間が経つと忘れてしまう人もいるようね。５Ｓができている、というのは整理整頓ができていて、清掃が行き届いていて、清潔な状態になっていること。そしてそれを維持していることよ」

「なるほど、そうすると最後の〝維持〟が今一つってことですか」

「そう。維持させるためにも、ルールが守られる組織を作らないといけないわ」

「ルールですか。私が鬼みたいに厳しくなってルールを守らせていく感じですかね」

「いや、ただ単にルールを押し付けるのではダメよ。活動の必要性や目的をしっ

かりと周知すること」

「必要性や目的を周知する……」

「そう、意識的に全員に説明して、納得させたうえで確実に実施しない限り、ルールが定着することは無いわ」

「ルールを決めてそれを伝えればいい、という訳じゃないんですね」

「単にルールを上から下に押し付けるのではなくて、現場が自然にルールを実行できるようにすることが大事なのよ」

「なるほど」

「それができるようになれば、このお店の5S活動もスムーズに実行されていくはずよ。じゃあさっそくだけど現場を回って全員に説明していきましょうか」

「今からですか？　いや、それはちょっと……。ここ2〜3日忙しくなりそうなんですよね」

「なんでよ」

三浦は1冊の本を手に取って答えた。「3日後に村下夏樹のサイン会を開催す

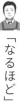

ることになったんです」

村下夏樹と言えばファンも多いベテランの売れっ子小説家だ。そういえばお店のところどころにポスターも貼ってあり、エリカもなんとなくは知っていた。

「サイン会ってそんなに忙しくなりそうなの？」

エリカが聞くと、三浦は目を見開いて「それはもう！」と大きな声を出した。

「告知もまだまだやらないといけないし、会場の設営もしなきゃいけない。当日の受付の対応やら先生のアテンドやら、やることが一杯でもう既にパニックですよ。ああ、著者が来るんだから、棚にある本は平積みにしておかなきゃ！」三浦が頭を掻きむしりながら言った。

エリカは大きなため息をつきながら口を開く。

「それさぁ、誰が担当してるのよ？」

「ほとんど私ですよ。椅子を運ぶのはスタッフにもお願いしますけど」

「いやいやいや、やるべきことをまとめておきなさいよ」

「まとまってますよ。私の頭の中ではしっかりと」

「そんなんじゃダメよ。イベントをする際の作業標準書をつくる必要があるわ」

「作業標準書？」

「５Ｓにおける『躾』の重要な役割に、作業の基本を習得させるというものがあるわ。誰でも同じ作業をできるようにするの」

「私じゃなくてもできるようにするってことですか」

「そうよ。そのために、新人でも理解できる作業標準書を作成していくの」

「何をするのかを紙にまとめて書いておくってことでいいんでしょうか」

「それでいいわ。躾っていうのは、これまでの４つのＳを浸透させていくことでもあると言ったでしょ。そのためにも、続く仕組みを作ることが大事なの。今回の標準化もその１つ」

「すぐに動けるように動き方を記しておくことが大事だ、と」

「そうよ。『大変だけど頑張ろう』なんて掛け声ではダメなの。自然と行動できてしまうような流れを作ってあげるのも仕事なのよ」

「気合いと根性で何とかなると思ったんですけどねぇ」そう言って自虐的に笑いながら、三浦はメモを取っていった。

エリカはさらに続ける。「躾っていうのは、その文字の通り、心身が美しく見

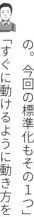

えることなのよ。だから、アナタが学んだ接客接遇も全スタッフに展開していきたいわよね」

三浦はメモを取る手を止めて、口をへの字にして答えた。「ああ、確かに接客接遇も標準化していきたいですけど、私がやるのは難しいなあ。久美子さん、手伝ってくれないかな？」

「母がスタッフ向けにもトレーニングをするってこと？　そうね。まあ、聞いてみるわ」エリカはそう言ってドアを開け、部屋を出ていった。

「お願いします」三浦はエリカの背中に投げかけてから、「さあ、サイン会の準備だ」といってパソコンに向かい、作業標準書の作成に取り掛かりはじめた。

そして3日が過ぎた。

サイン会は無事、スムーズに終わった。作業標準書を展開して各自が動いてくれたお陰もあって、三浦店長が拍子抜けするほどスムーズに終わったのだ。

スタッフも思っていた以上にしっかりと動いてくれて、村下夏樹先生も満足気だった。何より、お客様が楽しそうにしてくださったのが三浦は嬉しかった。3日間の準備を振り返り、三浦は思わず言葉を漏らした。

「今まで1人で苦しんでいたのは何だったんだろう……」

そんな三浦に後日、吉報が舞い込んだ。

エリカの母の久美子が、全スタッフ向けにもトレーニングを実施してくれることになったのだ。

エリカの5S解説

●1人で仕事を抱え込んで仕事をした気にならない

躾の重要な役割に「作業の基本を習得させること」があるんだけど、これは「誰でも同じ作業をできるようにする」ということ。

1人で仕事を抱え込んで仕事をした気になるんじゃなくて、**新人でも理解できるように「作業標準書」などに仕事を落とし込んでいくことが大事よ。**

これまで紹介した4つのSもそうだけど、とにかく当たり前にやるべきことを続ける仕組みを作ることが大事なの。誰でもできるような仕事をたくさん抱えて「忙しい」「忙しい」なんて言ってるのはナンセンスよ。誰もがすぐに動けるような仕組みを作っていきなさい。

躾 3

トップ自らが手を動かし、足を動かしなさい

その日、4Fの従業員エリアはいつにも増して緊張感が漂っていた。スーツを着た本部の社員が来ていたせいだ。

しかし、各自が抱えていた緊張感は杞憂に終わった。本部の社員は各フロアを一通り見て回ってはいたものの、何点か指摘しただけでほとんどの時間はアルバイトの女の子と談笑していただけだった。

ひとしきり盛り上がって満足したのか、本部の社員は1時間もしないうちに帰っていった。

三浦店長はお店の出入り口まで見送りに行った後、4Fに戻ってきてボソリと言った。

「ちぇっ。何しに来たんだよ、まったく」

その言葉を逃さなかったエリカが、咄嗟に突っ込みを入れる。「ちょっと、接

客接遇を学んだ人の言葉づかいじゃないわよね」

三浦店長は「ああ、すいません、ついうっかり」と頭に手をやりながら答えた。

「でもアナタ、汚い言葉を吐いていた割に、彼にはペコペコしてたわよね」エリカは続けて聞いた。

すると三浦は口を細くしながら「そ、そりゃ相手は本部の人間ですから……一応」と返した。

エリカは手を腰に当てながら、淡々と話す。「陰で文句を言って、本人を前にしたらペコペコするなんて、しょぼい人間よね。そんな姿をスタッフが見たらどう思うかしらね」

「しょ、しょぼい人間って」三浦が眉間に皺を寄せた時、ドアがノックされてから開いた。

「失礼します」1Fで文庫や絵本を担当する松井愛奈だ。

「すいません。今、よろしいですか？　資料を取りに来たんですけど」

「ああ、どうぞ」三浦は眉間の皺を元に戻してから松井に中へ入るよう促した。

ふと思い立ったように、エリカが松井愛奈に声を掛けた。

「松井さん、ちょっといい？　本部社員が今日来てたと思うけど、店長の対応について何か感じたことある？」

「え……店長の対応ですか？」

「素直に言っていいわよ。私が許すから」

「正直……、幻滅しました」

「幻滅ね。具体的には？」

「もっと毅然と対応して欲しいというか……言いたいことはバシッと言って欲しいというか……」

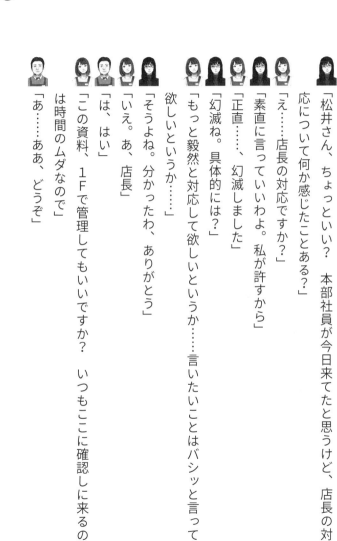

「そうよね。分かったわ、ありがとう」

「いえ。あ、店長」

「は、はい」

「この資料、1Fで管理してもいいですか？　いつもここに確認しに来るのは時間のムダなので」

「あ……ああ、どうぞ」

資料を抱えた松井は、ドアを開けて部屋を出ていった。三浦は、その姿を見送ってからガックリと肩を落としてしまった。

落ち込む三浦に、エリカは容赦なく続ける。「聞いた？　あれがこのお店で働く人たちの声よ。幻滅した。毅然と対応して欲しい。言いたいことはバシッと言って……」

「もう勘弁してください！」三浦は目を瞑りながら大きな声を出した。

「なによ、大きな声を出して。店長なんだからもっとしっかりしないとダメじゃない」

「……店長なんてやるもんじゃなかったですよ、まったく」

「アナタね……。店長としての自覚を持ちなさい！　アナタがリーダーシップを持たなければこのお店はこれ以上良くならない！」

「……すいません。でも、今の松井さんの態度でも分かると思いますけど、５Ｓ活動はちゃんと継続されつつあるようにも思います」

「５Ｓの定着にはまだバラつきがあるわ。５Ｓの躾にはまだ大事なポイントがあるの」

「なんですか、大事なポイントって」

「トップ自らが模範を示す、ということよ」

「模範を示す……」

「今度の朝礼で、店長が改めて『5Sはこのお店の方針である』ということを打ち出しなさい」

「え、でも既に言ってありますよね」

「でもまだやっていないスタッフもいる。今やっていないスタッフは、余計なことはやりたくないと考えているはずよ。そういう時は、誰しもが〝やらなくていい理由〟を探してしまうものなの」

エリカはそう言ってから、手元にあったコーヒーを一気に飲み干した。三浦は腕を組み、ため息まじりに言葉を発する。

「やらなくていい理由を探す、か。確かになぁ」

「だから、そこで言い訳をさせないためにも、この活動は店長命令であるということを責任者がしっかり示す必要があるのよ」

「具体的には何をどう示したら良いんでしょうか」

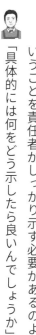

「これまで4つのSの担当者を決めてきたけれども、総責任者を明確化するの」

「総責任者。私ってことですか」

「そう。それを明確にする。そうやって、会社や店舗のトップが5Sに執着する、ということがとても重要なのよ」

「5Sに執着する姿勢を見せる、ということですか」

「従業員というのはトップの姿勢や行動に大きな関心を持っているものよ。アナタが本部にペコペコしていれば情けない気持ちになるし、アナタが5Sに執着していれば、その熱意が皆にも伝わってフォロワーが出てくるはずなの」

「なるほど、分かりました。5Sへの執着さえ伝えればあとは大丈夫ですか」

「ダメよ。あとは〝現場〟よ。トップが熱心に取り組んでいることを分からせるには、トップ自らが現場を巡回して、それぞれのエリアの5S状況を評価して回ること」

「見て回って、できていなければ注意をすればいいんですね」

「いや、むしろできているところをしっかり褒めてあげて。褒められれば動機づけにも繋がるから」

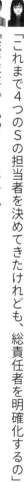

それから2日後の朝。

朝礼で、店長が「皆いいかな」といって全員に向かって話し始めた。たどたどしい話し方ではあったものの、改めて「5Sはこのお店の方針だ」ということを明確に打ち出した。総責任者が「自分」であることもしっかりと伝えた。さらに、5S活動の必要性や目的についても説明していった。

そして、その朝礼以降、店長自らが現場を巡回して、それぞれのエリアの5S状況を評価して回った。足りない点は注意をし、それ以上に、できている点をしっかりと褒めていった。

そんな活動を続けるようになって2週間が経った頃。

4Fの従業員エリアで電話が鳴った。

「お電話ありがとうございます。呉越書店でございます」三浦店長が電話を取った。

「ああ、松井さん。あれ、今日お休みじゃなかったっけ？」どうやら電話の相手は1Fの担当である松井愛奈のようだった。ただ、今日は休日のはずだった。

三浦は「うん、分かった。ありがとう」と言って、電話を切った。

エリカが「松井さんから電話？　どうしたの？」と背後から聞く。すると「今、お昼の情報番組で『おはようドジャー』っていう新刊の絵本が紹介されたらしいので、大きく展開するといいと思いますって教えてくれたよ。早速1Fの担当者に伝えて展開しなきゃね」と嬉しそうに言って、部屋を出ていった。

エリカの5S解説

●責任者が自ら地道に行動する

三浦店長も初めは頼りない人だったけれど、上の人の動きというのは部下は少なからず見ているものよ。だから、**5Sにおいても上の人が言及したり責任者が自分であることを示したりすることが大事**。そうして5Sへの執着を普段から伝えていくべきなのよ。

ただ伝えるだけでもダメで、あとは〝現場〟に行くこと。現場にもトップ自らが足を運んで社内の5S状況をしっかり見て回り、指摘するところは指摘をして、褒めるところは褒めてやる。こういった地道な動きが求められるのよ。

躾

4 行動を促す仕組みを作りなさい

1ヶ月も経つと、『おはようドジャー』という新刊の絵本は、ベストセラーになっていった。

呉越書店ではテレビのオンエアの後すぐに大きく展開をしたため、在庫分はすぐに完売となった。三浦店長は展開を指示すると同時に版元にも大量に発注をしていたため、在庫を確保することができ、かなりの部数を売ることができた。そのせいか、著者もサイン色紙を持ってわざわざ挨拶に来てくれたのだ。

1Fのフロアに飾られたサイン色紙を眺めたあとで、エリカは店内を歩き回った。2F、3Fと歩き回り、4Fの従業員エリアに入っていく。ドアを閉めたところで、座っていた三浦店長に「ある程度はできるようになってきたわね」と話しかけた。「5Sですか。お陰様で続いてますね」三浦は嬉しそうに歯を見せた。

三浦の笑顔を一瞥してから、「でもね」とエリカが言う。

「このお店をもっとステップアップさせるためにも、さらに5Sが進むような行動を促すきっかけを作っていかないとダメね」

「行動を促すきっかけ？」三浦の声がひっくり返る。

「そう。さらなる施策を考える、というのも躾の1つよ」
「さらなる施策ですか。例えばどんなのがあるんでしょうか」
「そうね。過去の例だと、毎日決まった時間に全スタッフで一斉に5Sに取り組む時間を設ける、とかね」

「なるほど、そうなると営業時間以外がいいですね」
「個人の裁量に任せると『忙しくて今日はパス』とか言いだす人も出てくるから、強制的に時間を確保することがポイントよ。まあ、どうしても同時にできないなら、フロア毎に14時とか17時とか時間を決めて実施してもいいわね」

「他にはどんなのが？」
「あとは、コンテストや表彰制度ね」

「コンテストや表彰……」

「例えば『整理選手権』を開催してどれだけ余分なモノを出すかという量を競ったり、『清掃選手権』を開催して、どれだけビフォーアフターが変化したかを競ったり、とにかくゲーム感覚で相互の高め合いを目指すのよ」

「面白いですね！」

「あと『5Sコンテスト』という表彰制度を設けて、各チームで5S活動を発表しあって互いに評価する場を作ったりね」

三浦は手元のメモに文字を書きなぐっていた。そして、その顔は笑顔に満ちていた。

その顔を眺めながら、エリカがしみじみと語りだす。

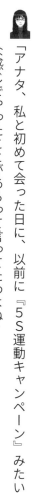

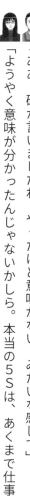

「アナタ、私と初めて会った日に、以前に『5S運動キャンペーン』みたいな感じでやったことがあるって言ってたわよね」

「ああ、確か言いましたね。やったけど意味がない、みたいな感じで」

「ようやく意味が分かったんじゃないかしら。本当の5Sは、あくまで仕事の一部として実施することが原則なのよ。そして、しっかりと競争し、評価し合うこと」

「ビジネスとしての5S、ということですね」

「そう。だから、5Sを進めていく際にはしっかりとした体制を作ることが必要」

「体制作りですか」

「そして、その体制は、会社の業務組織と同様に全社的に明確にする必要があるの」

「なるほど」

それから1ヶ月が経つと、呉越書店はさらに大きな変化を遂げていた。

会社の組織とは別に、「5Sチーム」が編成された。そのチームでは、それぞれ改めて管理者が設定され、役割が明確化された。そして、全体的な活動をサポートする組織として「5S事務局」も作られた。これらの新しい組織を含む組織図も作られ、バックヤードの見やすい場所に貼られ「見える化」された。組織図の上には「5S活動推進中」と書かれたプレートも掲示されている。

店舗全体も以前に比べ活気に溢れてきているが、この状況について三浦店長は「会社組織とは別の組織が作られた点が功を奏したのかも知れない」と笑顔で語った。


ある日の朝礼で実用書担当の海保純子がこんなことを口にした。

「最近、料理番組がブームになっているじゃない？　その影響で料理本がよく動いているんです。だから、棚の近くで関連する食品や調理グッズも販売できないかしら」

「海保さん、それは面白いアイデアですね」店長の三浦が笑顔で声をあげた。

「この辺りのお客様は比較的主婦が多いから、そこはうちの強みでもありますよね。強みっていうのは伸ばすべきだし」ビジネス書担当の小谷野剛がニヤリとしながら言う。

「料理関連のマンガも一緒に置いたら面白いかも」コミック担当の神木竜太が楽

しげな声を出した。

「近くの絵本のコーナーにスペースを作って子供が遊べるようにしたら子連れの親御さんも来やすいかも知れませんね」絵本担当の松井愛奈がニコニコしながら口を開いた。

その後も朝礼では様々な意見が飛び出し、それを実現させるためのアイデアも出てきた。

結果的には、料理本売り場を大幅にリニューアルして、関連グッズを展開することになった。さらに、売り場の一部を使って料理教室も開催することになったのだ。

火を使う大掛かりなものはできなかったが、逆に簡単に作れる料理が学べるだろうということで、店長もGOを出した。

1ヶ月もすると、この料理教室は口コミでお客様がどんどん集まるようになっていた。料理教室目当てで来たお客様も、帰りにグッズを買ったり本を買ったりしてくれた。

非常に良い動きが起こりはじめていて、まだまだ拡大できると皆が考えていた。

しかし、この動きについて本部が良く思っていなかったのだ。

本部から来た社員が朝礼に参加した時だった。

全員の前で三浦店長に対しこんなことを言ってきたのだ。

「三浦店長。勝手に取引先を決めているみたいだが、本部の言った通りにやってもらわないと困るね」

重い空気が漂うなか、三浦は1歩前に出て鋭い口調で声を発した。「何が困るんですか？　この店舗ならではの独自の品ぞろえや棚作りをして何が悪いんですか？　それが私たちの価値じゃないですか」

すると本部から来た社員は「そんな偏ったことをやっているから書籍市場が縮小してしまうんですよ。三浦店長、もう一度言いますよ。今まで通り本部に従ってください」と語気を強めた。

その場の空気は静まり返った。

すると、三浦が近くにあった机をバンッと叩いた。本部から来た社員の肩がビクンと動く。

「書籍市場は縮小するのかも知れないけれど、目の前で喜んでくださっているお客様にはそんなこと関係ありません！　私たちはお客様に喜んでいただくために皆で必死に頭を使っているんですよ！　お願いですから、私に、いや私たちに任せてください！」

その場にいた全員が、本部から来た社員をじっと見つめた。言葉に出さなくても、三浦店長と同じ思いであることは分かるような、そんな眼差しだった。

すると、圧倒されたのか「わ、分かりました。三浦店長がそこまで言うなら分かりましたよ。ただ、この施策が今後失敗したらどうなるか分かってますよね」と小さな声で言った。

三浦は胸を張って「ええ、構いませんよ。皆を信じてますから」と答えた。

「じゃあ、よろしくお願いしますね」そう言って、本部から来た社員は出口に向かっていった。

皆は笑顔に包まれていた。なかには目頭を押さえているスタッフもいた。

何人かが三浦の背中に対して声をあげた。

「店長、ありがとうございます」

しかし、喜んでばかりもいられない。

呉越書店四ッ谷本店の反撃は、まだ始まったばかりなのだ。

エリカの5S解説

●皆が前向きに取り組むにはどうするか考える

日々の通常の5S活動だけでなく、さらなる施策を考えるというのも躾の1つ。**5Sに対してさらに前向きに取り組めるようになるにはどうしたらいいかを考える**ってことね。例として「時間を決めて全員で取り組む」とか「コンテストを開催する」とか「表彰制度を設ける」なんて話をしたけど、ここは各自の職場の特性に応じて幾らでもアイデアを出せるはずよ。

5Sは特別な取り組みじゃなくて仕事の一部なのだから、頭を使えば良いソリューションは出てくるはず。しっかり向き合って考えてみなさいね。

エピローグ

ドSなエリカの5S活動の成果

料理本を中心とした1つのムーブメントは、呉越書店四ッ谷本店に大きな成功をもたらした。

売り場の一部を使った料理教室も満席が続いたため、近所にあるクッキングスタジオと共同で料理イベントを開催するようになった。そこでは、テレビでも有名な料理家のトークショーとクッキング会が行われ、同時に書籍の販売とサイン会も催された。本はもう、ただの本として売るのではなく、大きなイベントの中の一部のアイテムという位置づけになっていた。

そして、この動きは他のカテゴリにも飛び火していった。松井愛奈が紙芝居イベントを仕掛けたり、神木竜太がアニメのコミュニティを作ったり、小谷野剛がビジネスワークショップを開催したりするなど、体験型のイベントが次々と企画されてコミュニティが形成されていった。また、書籍のカテゴリ毎の枠組みも薄れていき、「フランス特集」や「カバン特集」など、絵本や雑誌やビジネス書といったカテゴリを問わず関連本が1箇所に集結するようなコーナーが次々に設置されていった。こういった動きは話題を呼び、メディアにも取り上げられることが増え、呉越書店は連日のように賑わいを見せたのだ。

5Sへの取り組みはどうなっているかというと、全体的な活動をサポートする組織として作られた「5S事務局」による定例会が定期的に開催され、すべての「S」は着実に継続されていた。さらに、「5Sコンテスト」も不定期で開催されており、次回の開催を各自が楽しみにしながら目の前の活動に取り組んでいた。

朝礼が行われるある日の朝をのぞいてみると、こうだ。

全員が揃って朝早くから出社して、決まった時間に清掃を開始している。店員同士で楽しそうに談笑しながらも、手際よく清掃が進められる。

お店の周辺もキレイにしようと何人かが清掃をしていると、通りかかった近隣の住人に笑顔で挨拶をされる。

時間通りに清掃を終えると、店舗の周辺や店内はゴミが見当たらない空間になっていた。

20人弱の店員が1Fのフロア中央に集まっているが、全員がキレイなエプロンを着けてピシッと背筋を伸ばしている。

三浦店長が「おはようございます！」と言うと、全員から「おはようございます！」と元気良く挨拶が返された。朝礼のはじまりだ。

しかし、すぐに松井愛奈が「あれ、今日エリカさんは？」と声を出した。

するとフロアの端にいたエリカの母、久美子が申し訳なさそうに口を開いた。

「今日は朝から何やら用事でちょっと遅れるそうです。皆様すみません」

小谷野剛が「珍しいこともあるもんだ」と呟いた。

エピローグ

すると、海保純子が久美子に向かって笑顔で声を掛けた。

「ねえねえ、エリカさんって昔はどんな子だったのか教えてくださいよ」

すると三浦店長までもが「それは聞きたいですね。今日は少し時間もあるし、教えてください」と続けていった。

全員の視線が久美子に注がれると、久美子は困りながらもゆっくりと話し始めた。

「あの子は、小さい頃はとても活発でだらしなくて口が悪くて、とても手が焼ける子でした。あの子がずっと剣道をやっていたのは皆様ご存じかと思いますが、その時に礼儀作法や整理整頓の基本を叩き込まれたのだと思います。もともとそんなに何かに打ち込むタイプの子ではありませんでしたが、剣道だけは辛い思いをしながらも必死に厳しい練習を繰り返していました」

神木竜太が「なんでそんな必死になっていたんですか？」と横から質問する。

すると久美子が神木のほうを向きながら答える。

「その理由は、私の夫、つまりあの子の父親です。あの子は大学時代に初めて大会に出ることになったのですが、大会を前にして、あの子の父親が病気で亡くなってしまったのです。どうやら『いつか大会で優勝するからね』って、父親と約束していたみたいで。エリカは毎年その大会に出続けて、最後の年に優勝を飾ることができました。父親との約束を果たしたわけです」

海保純子が、ハンカチで目頭を押さえた。

久美子は淡々と続ける。

「大学を出た後も、父と同じ職業の経営コンサルタントになって、製造業を中心に多くの企業に携わっていったようです。詳しいことはよく分かりませんけど、あの子がこんなことをよく言ってました。『本当に力を貸したいと思える人にしか、力を貸したくない』って。根が素直な子なんですよね。お金持ちの社長がやっている会社から理不尽な依頼を受けたけれど、汚い言葉を吐いて断ったこともある、なんて笑いながら言ってました」

久美子はそう言ってから、自分でもクスっと笑った。

するると小谷野剛が「そんなエリカさんが何故、この書店に」と疑問を投げかけた。久美子は小谷野のほうを向きながら笑顔のまま答える。

「あの子は小さい頃からずっと本が好きで、休みの日になるといつも本屋さんに入り浸っているような子でした。だから、どこかで『書店さんの力になりたい』とは思っていたんじゃないかしら。そんな時にここの社長さんから依頼を受けて、即決したんだと思います」

思わず三浦店長が、下を向いた。

久美子は満面の笑みを見せながら全員に語りかけていく。

「あの子、口は悪いけど本当はとても優しい子なんです。愛情の裏返しだと思うんですけどね。皆様も、ひどいことを言われて嫌な思いをしていませんか？」

全員が首を横に振るなか、松井愛奈が「嫌な思いだなんてとんでもないです」と声を出した。

小谷野剛も「エリカさんになら、何を言われても大丈夫です」と続けた。

するとそこへ、竹刀を持ったエリカが入ってきた。「ごめんなさいね、遅くなって。新しい竹刀を取りに行ったついでに、アナタたちの新しいエプロンも取りに行ってて遅れたわ。そろそろリニューアルしたほうがいいと思って社長に言って作ってもらったんだけど、郵送にすれば良かったわね。まったく、私としたことが」

そう言いながらエリカは、いつもと違う空気が流れていることを察していた。

全員が自分に注目していることを感じると、ゆっくりと眉間に皺を寄せながら鋭い声を出す。

「何よ、アナタたち。ニヤニヤした顔で揃いも揃って。私のことをバカにしてると、全員突くわよ」

エリカはスッと竹刀を持ち上げると、先端を全員の方に向けた。

おわりに

さあ、呉越書店をとりまく物語はいかがでしたでしょうか。少しずつではありますが、５Ｓによって変化が起きていったのを感じていただけたかと思います。

現代は、あらゆる業種において激動の変化が起こり始めています。職種の壁がなくなっていたり、業界のプレーヤーが変化していたり、何が起きるのか予測がつかない面もあります。

そんな時代に私たちが求められるのは「変わり続けること」ではないでしょうか。

トヨタの現場では昔から「変化こそが安全性を保証する」と言われていました。本部の人から現場を定期的にチェックされては「変化していないこと」があると指摘されるのです。上司からも「立ち止まることは後退することと同じだぞ」と注意されたことがありました。

確かにその上司がおっしゃる通り、世の中は常に変化をしているわけですから、下りのエスカレーターを逆向きにのぼろうとしているようなものかも知れません。立ち止まってしまうとすぐに後ろにさがってしまい、駆け上がっている人たちと大きな差をつけられてしまいます。

実際、何か大きな計画を立てたとしてもリスクばかりを考えてネガティブになってしまい、最初の一歩を踏み出せない人が多くいるように思います。しかし、そこで「何もしない」ということは、動いて失敗する以上に最悪な選択だと思うのです。失敗だろうが成功だろうが、動くこともひとつの変化ですからまず動かなければいけないわけで、動かないことは最大のリスクになってしまうのです。

では思い切って動くために何が必要かというと、細かなテクニックではなく基本を押さえ、しっかりと環境を整えることです。

エリカが必死に打ち込んでいた剣道では、昔から「守破離（しゅはり）」という言葉が存在します。「守破離」というのは、何かを身に付けるうえで理想的なプロセスを3段階で示したものです。

まず「守」は、師匠や流派の教え、型などを忠実に守って、確実に身に付ける段階です。すべてはここからはじまります。次にそれを「破」る段階がやってきます。良いものは残しつつも、従来の常識を否定しながら自分に合った型を作る。そうすることで既存の型を「破る」というわけです。そして最後は、師匠や流派の教えから「離」れ、自分なりの独自の表現をする段階です。そうやって、新しいものを生み出していくわけです。

現代の仕事においては、基本を身に付けずにいきなり「破」ったり、基本も知らずに「離」れたところから始めたりして失敗するケースが散見されます。優れた人たちはみな、「守」をしっかりと押さえているのです。

本書で紹介した5Sというのは、まさに「守」です。トヨタの現場をはじめ、多くの成長企業で〝正しく〟実践されています。ぜひとも、エリカを師匠として、5Sを確実に身に付けていただければ幸いです。5Sによってしっかりと環境を整えることで、行動が生きてきます。

行動を繰り返して変化に対応していきましょう。

本書の編集を担当してくださった、大和書房の大野洋平さん、「ドSの5S」という無謀なコンセプトに快く乗っかってくださり、ありがとうございました。イラストを担当してくださった、ざしきわらしさん、ドSのエリカを素晴らしい世界観で表現してくださり、ありがとうございました。情報提供などでご協力いただいた書店員の皆さん、お忙しいところありがとうございました。（いつもお疲れ様です！）そして5Sを叩きこんでくださったトヨタの現場の先輩たち。本当にありがとうございました。

真の5Sが少しでも多くの人に届いてくれれば、と願ってやみません。

2018年3月　原マサヒコ

【著者】

原マサヒコ Masahiko Hara

株式会社プラスドライブ代表取締役。

1996年、神奈川トヨタ自動車株式会社に現場メカニックとして入社。入社してすぐに5Sを叩き込まれると、5000台もの自動車修理に携わりながらも技術力を競う「技能オリンピック」で最年少優勝に輝く。さらにカイゼンのアイデアを競う「アイデアツールコンテスト」でも２年連続全国大会出場を果たすなど活躍。

活躍の場をIT業界に変えても5S活動は継続し、PCサポートを担当したデルコンピュータでは「5年連続顧客満足度NO.1」に貢献。現在はWEBマーケティング会社を設立し、数多くのクライアント先に対して付加価値を提供し続けている。

著書に、『どんな仕事でも必ず成果が出せる トヨタの自分で考える力』（ダイヤモンド社）、『トヨタで学んだ自分を変えるすごい時短術』（かんき出版）、『Action! トヨタの現場の「やりきる力」』（プレジデント社）などがある。

▼原マサヒコ公式サイト
http://www.haramasahiko.com/
【QRコード】

【イラスト】

ざしきわらし

1987年生まれ。イラストレーター。

女性のイラストをメインに活動中。

見てくださった方が元気になれるようなイラストを心がけて描く。

【連絡先】 メール：warashiz0614@gmail.com
Twitter：@WarashiZ

トヨタ流《りゅう》「5S」最強《さいきょう》のルール
生産性《せいさんせい》“劇的向上《げきてきこうじょう》”ノウハウを２時間《じかん》のストーリーで学《まな》ぶ

2018年３月30日 第１刷発行
2022年８月20日 第２刷発行

著　者　原《はら》マサヒコ
発行者　佐藤　靖
発行所　大和《だいわ》書房
東京都文京区関口1-33-4
電話　03-3203-4511

カバーデザイン　井上 新八
イラスト　ざしきわらし
本文デザイン　佐藤　純（アスラン編集スタジオ）
本文印刷所　厚徳社
カバー印刷所　歩プロセス
製本所　小泉製本
編集担当　大野 洋平

ISBN978-4-479-79637-4

http://www.daiwashobo.co.jp